風《ふ》呂《ろ》敷《しき》

「一包み」

日本語が面白い！数え方の絵本

ロコ・まえだ

「一枚」

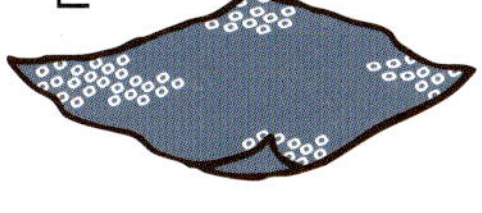

柳原出版

目次

まえがき

第一章 生き物の数え方

哺乳類……10
爬虫類……13
両生類……13
鳥類……14
昆虫……16
海の生き物……17
［コラム］兎……20
［コラム］蝶……21
恐竜……22

第二章 食べ物の数え方

魚……24
鮪……25
魚の卵……26
［コラム］鮨……28
麺類……30
出前……31
茶……32
酒……33
果物……34
野菜……35
餅……36
豆腐……36

第三章 植物の数え方

洋菓子……37
和菓子……37
パン……38
肉……38
花……40
木……42
桜……44
稲・米……46

第四章 暮らしの中の数え方

文房具……48
家具……50
暮らしの道具……52
食器……56
花火……58
［コラム］家と家族……60
新聞……62
ちょっと昔のサラリーマン……64
近頃のサラリーマン……65
手紙・写真……66
薬……67

第五章 自然の数え方

海……70
山……72
池・湖……73
雨……74
雪……75
雲……76

第六章 神仏の数え方

天体……78
光……80
神さま……82
仏さま……84

第七章 伝統・文化の数え方

お正月……88
昔ながらの遊び……90
桃の節句……92
端午の節句……94
祭り……96
和楽器……97
庶民文化……98
将棋……100
囲碁……100
柔道……101
相撲……102
色々な文化……104

第八章 身体の数え方

身体……108

第九章 身につける物の数え方

和服……112
洋服……114

第十章 建物の数え方
建物……118

第十一章 乗り物の数え方
乗り物……122

第十二章 行いの数え方
［コラム］経験……126
行い……128

第十三章 物の数で変わる数え方
物の数で変わる数え方……132

第十四章 番外編
想像上の生き物……136
［コラム］今月は大の月？小の月？……138

主な参考文献
さくいん

まえがき

花は一輪、魚は一匹、ご飯は一膳、羊羹と箪笥は……一棹？

日本語にはこんなにもたくさんの「数え方」があります。

そのものはどんな形をしてどんな様子なのか。

それを表しているのが『助数詞』。数えるのを助けてくれる「魔法の言葉」です。

この本は、絵を見ながらその「魔法の言葉」を覚えられる楽しい本です。

さて、この本を手に取って下さっている方々にとっては、ここで扱われているものは、馴染みがなく、古いと感じるかもしれません。

これは、昔の生活の中には、日本語なら

ではの「数え方」があふれていたのに対し、パソコンやスマートフォンを筆頭に、現代は、「一台」で数えられるものばかり。数え方の面白さを紹介しようとすると、どうしても古いモノや当時の様子を扱うことになってしまうためです。

「ひとつ、一個でよくない？」と言わないでください。

『助数詞』を通じて、古くからの日本の生活に想いを馳せ、正しい「数え方」を使えるようになることで、人生が少しだけ豊かになると思うのです。

ひらがなを読めるようになったお子さんから、おじいちゃん、おばあちゃんまで、家族みんなで楽しんでください。

ロコ・まえだ

第一章

生《い》き物《もの》の数《かぞ》え方《かた》

象《ぞう》は一頭《いっとう》、蝶《ちょう》は…
どのように数えるのでしょうか。

哺《ほ》乳《にゅう》類《るい》

人《ひと》より大《おお》きい動《どう》物《ぶつ》は「頭《とう》」
人より小《ちい》さい動物は「匹《ひき》」
貴《き》重《ちょう》な動物は「頭」

象《ぞう》「一《いっ》頭《とう》」

虎《とら》「一《いっ》頭《とう》」

ゴリラ「一《いっ》頭《とう》」

猿《さる》「一《いっ》匹《ぴき》」

コアラ

日《に》本《ほん》人《じん》にとってあまり親《した》しみのない貴《き》重《ちょう》な動物として「一《いっ》頭《とう》」と数えます。

馬《うま》

「一頭《いっとう》」

馬には一頭につき四《よっ》つの蹄《ひづめ》がついているので「四蹄《よんてい》」とも数えます。

人が乗《の》ると「一騎《いっき》」と数えます。

牛《うし》

「一頭《いっとう》」「一蹄《いってい》」

猪《いのしし》

「一頭《いっとう》」「一蹄《いってい》」と数えます。

ひとくちメモ

馬は一頭で「四蹄」と数えるのに牛や猪は何故《なぜ》か「一蹄」と数えます。

犬《いぬ》

通常《つうじょう》は
「一匹《いっぴき》」
文語《ぶんご》の場合《ばあい》は
「一犬《いっけん》」
と数えます。

猫《ねこ》

「一匹《いっぴき》」

訓練《くんれん》を受《う》けた犬は
「一頭《いっとう》」
と数えます。

蝙蝠《こうもり》

「一匹《いっぴき》」
哺乳類《ほにゅうるい》ですが
鳥《とり》のように
飛《と》ぶ姿《すがた》から
「一羽《いちわ》」
とも数えます。

爬虫類《はちゅうるい》

蛇《へび》「一匹《いっぴき》」

鰐《わに》「一頭《いっとう》」「一匹《いっぴき》」

亀《かめ》「一匹《いっぴき》」

蜥蜴《とかげ》「一匹《いっぴき》」

両生類《りょうせいるい》

蛙《かえる》「一匹《いっぴき》」

山椒魚《さんしょううお》「一匹《いっぴき》」

イモリ「一匹《いっぴき》」と数えます。

鳥類《ちょうるい》

鳥《とり》は一般的《いっぱんてき》に「羽《わ》」
大《おお》きな鳥や希少《きしょう》な鳥は「頭《とう》」

鳥《とり》は雌雄《しゆう》で「一番《ひとつがい》」一羽《いちわ》だけだと「一隻《いっせき》」とも数えます。「番《つがい》」は常《つね》に連《つ》れ立《だ》っているペアのことです。

鷲《わし》
「一頭《いっとう》」「一羽《いちわ》」

梟《ふくろう》
「一羽《いちわ》」

鷹《たか》
「一羽《いちわ》」「一本《ひともと》」「一据《ひともと・ひとすえ》」

鷹狩《たかが》りに使《つか》う鷹は「本《もと》」「据《もと・すえ》」を使います。

ペンギン

「一羽《いちわ》」
希少な動物《どうぶつ》として
「一頭《いっとう》」とも数えます。

孔雀《くじゃく》

「一羽《いちわ》」
広げた羽《はね》が扇《おうぎ》のように見《み》えることから
「一面《いちめん》」とも数えます。

駝鳥《だちょう》

通常《つうじょう》は「一羽《いちわ》」ですが
大きい鳥として
「一頭《いっとう》」とも数えます。

昆《こん》虫《ちゅう》

昆虫は一《いっ》般《ぱん》的《てき》に「匹《ひき》」
珍《めずら》しい希《き》少《しょう》なものは
大きさに関《かん》係《けい》なく「頭《とう》」

キリギリス

「一《いっ》匹《ぴき》」

バッタ

「一《いっ》匹《ぴき》」

と数えます。

幼《よう》虫《ちゅう》

毛《け》虫《むし》や
青《あお》虫《むし》は
「一《いっ》匹《ぴき》」

蛾《が》

「一《いっ》匹《ぴき》」
蝶《ちょう》に似《に》た形《かたち》ですが
数え方はちがいます。

兜《かぶと》虫《むし》

「一《いっ》頭《とう》」
「一《いっ》匹《ぴき》」

鍬《くわ》形《がた》

「一《いっ》頭《とう》」
「一《いっ》匹《ぴき》」

蚕《かいこ》

「一《いっ》頭《とう》」

虫《むし》の幼虫としては
「匹」ですが繭《まゆ》から
絹《きぬ》糸《いと》がとれるため
家《か》畜《ちく》に匹《ひっ》敵《てき》する貴《き》重《ちょう》
な虫として「頭」を
用《もち》います。

海《うみ》の生《い》き物《もの》

鯨《くじら》

「一《いっ》頭《とう》」

鯨はクジラ目《もく》に属《ぞく》する水生《すいせい》哺乳類《ほにゅうるい》の総称《そうしょう》です。

オットセイ

哺乳類《ほにゅうるい》なので「一《いっ》頭《とう》」と数えます。

鮫《さめ》

「一《いっ》匹《ぴき》」

稀《まれ》に「一《いち》尾《び》」とも数えます。

海豚《いるか》

「一《いっ》頭《とう》」

海豚はクジラ目に属する哺乳類です。

海《うみ》の生《い》き物《もの》

海《うみ》の生《い》き物《もの》は一般的《いっぱんてき》に「匹《ひき》」
器《うつわ》に似《に》ているものは「杯《はい》」
平面的《へいめんてき》なものは「枚《まい》」
あまり動《うご》かないものは「個《こ》」

帆《ほ》立《たて》貝《がい》「一《いち》枚《まい》」

海星《ひとで》「一《いっ》匹《ぴき》」「一《いっ》個《こ》」

海鼠《なまこ》「一《いっ》匹《ぴき》」
食用《しょくよう》になると「一《いっ》本《ぽん》」

竜《たつ》の落《お》とし子《ご》「一《いっ》匹《ぴき》」
竜《りゅう》に見《み》立《た》て雅語的《がごてき》に「一《いっ》頭《とう》」とも数えます。

鮑《あわび》

牡蠣《かき》

生き物としては「一《いっ》匹《ぴき》」
食用になると「一《いち》枚《まい》」「一《いっ》個《こ》」と数えます。

水母《くらげ》

「一匹《いっぴき》」

蛸《たこ》

生き物としては「一匹《いっぴき》」

食用になると「一杯《いっぱい》」

烏賊《いか》

生き物としては「一匹《いっぴき》」

食用になると「一杯《いっぱい》」

蟹《かに》

生き物としては「一匹《いっぴき》」

食用になると「一杯《いっぱい》」「一尾《いちび》」

切《き》り落《お》とした足《あし》の片側《かたがわ》をまとめて「一肩《ひとかた》」とも数えます。

タコやイカはふっくらした胴体が器に見えるからね

コラム 兎《うさぎ》

兎《うさぎ》の数え方は「一羽《いちわ》」鳥《とり》でもないのに何故《なぜ》でしょうか?

由来《ゆらい》その一《いち》

獣《けもの》の肉《にく》を食《しょく》することを禁《きん》じられていたお坊《ぼう》さんが二本足《にほんあし》で立《た》つ兎を「鳥」とこじつけて食《た》べたという説《せつ》。

由来その二《に》

兎の大《おお》きな耳《みみ》が鳥の羽根《は ね》のように見《み》えるからという説。

由来その三《さん》

山陰地方《さんいんちほう》には日本神話《にほんしんわ》に登場《とうじょう》する因幡《いなば》の白兎《しろうさぎ》を神《かみ》として祀《まつ》る古代民族《こだいみんぞく》が存在《そんざい》したようです。四本足《よんほんあし》の兎を二本足の「鵜《う》」と「鷺《さぎ》」を合《あ》わせた鳥とみなしてその肉を供《そな》えたからという説。

山陰地方には「鵜鷺《うさぎ》」という地名《ちめい》も残《のこ》っています。

ひとくちメモ

新聞記事《しんぶんきじ》などでは兎は「一匹《いっぴき》、二匹《にひき》」と数えます。

コラム 蝶《ちょう》

蝶《ちょう》の数え方は「一頭《いっとう》」 希少《きしょう》な昆虫《こんちゅう》でもないのに 何故でしょうか？

由来《ゆらい》その一

西洋《せいよう》の動物園《どうぶつえん》では飼育《しいく》している生物《せいぶつ》の数《かず》を種類《しゅるい》に関係《かんけい》なくHEAD（頭）で数えていました。昆虫学者《こんちゅうがくしゃ》も論文《ろんぶん》などで蝶をHEAD（頭）で数えるようになりこれを日本語《にほんご》に直訳《ちょくやく》したものがそのまま定着《ていちゃく》したという説。

由来その二

標本《ひょうほん》として保存《ほぞん》する蝶では触覚《しょっかく》のある頭部《とうぶ》が重要《じゅうよう》とされることから「頭《とう》」と数えるようになったという説。

通常《つうじょう》は生物として「匹《ひき》」と数えます。

また蝶は美《うつく》しい羽根《はね》を持《も》っているので「羽《わ》」で数えることもあります。

恐竜《きょうりゅう》

大型《おおがた》のものは「頭《とう》」
小型《こがた》のものは「匹《ひき》」

「一《いっ》頭《とう》」

「一《いっ》匹《ぴき》」

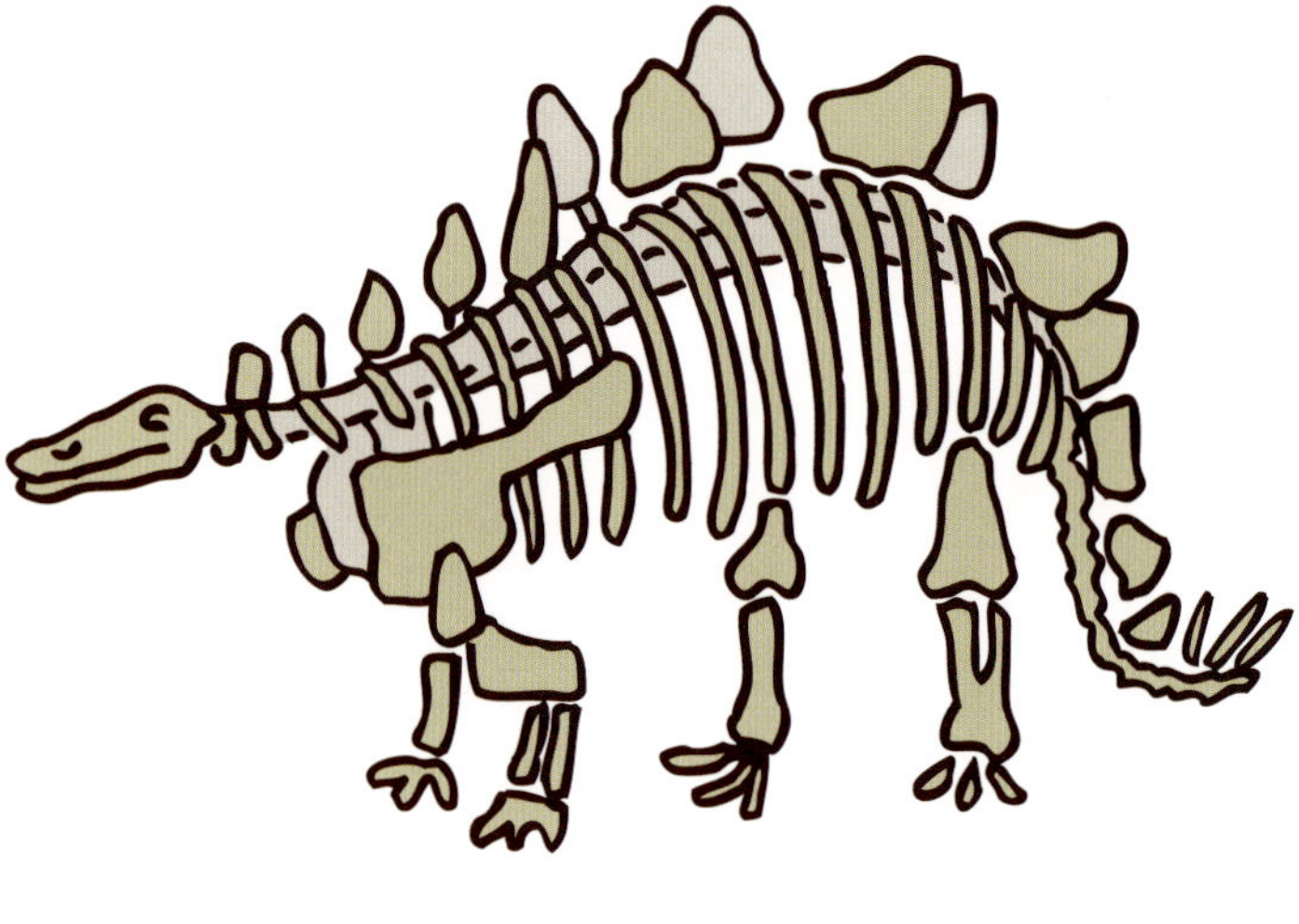

骨格標本《こっかくひょうほん》

「一《いっ》体《たい》」

と数えます。

第二章

食《た》べ物《もの》の数《かぞ》え方《かた》

魚《さかな》は一匹《いっぴき》、食用《しょくよう》になると…
どのように数えるのでしょうか。

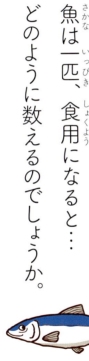

魚《さかな》

生《い》きている時《とき》は「匹《ひき》」
水揚《みずあ》げされて食用《しょくよう》に
なると変《か》わる数《かぞ》え方

平面的《へいめんてき》な魚

「一枚《いちまい》」「一尾《いちび》」

エイ

カレイ

ヒラメ

細長《ほそなが》い魚

「一本《いっぽん》」「一尾《いちび》」

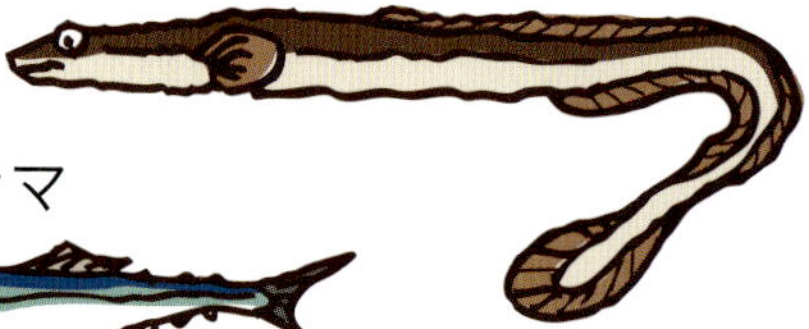

ウナギ

サンマ

目刺《めざ》し

「一連《いちれん》」

開《ひら》いた干物《ひもの》

「一枚《いちまい》」

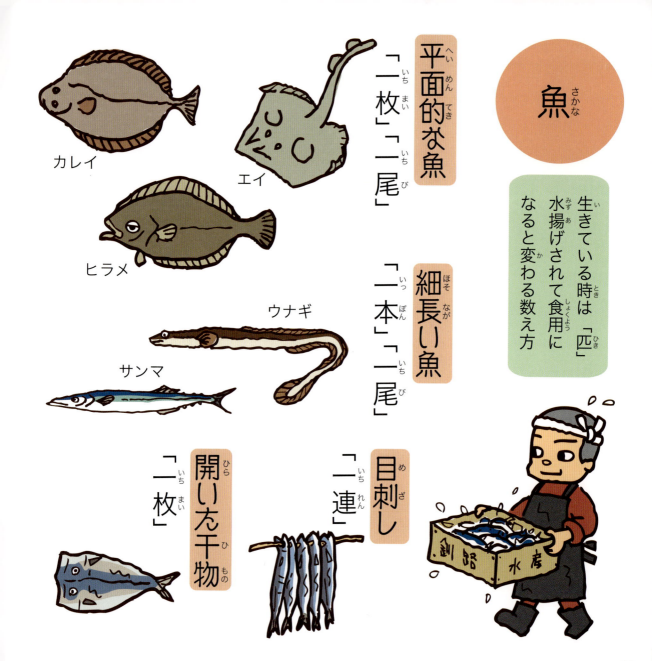

鮪《まぐろ》

解体《かいたい》されると変わる鮪の数え方

魚《さかな》の卵《たまご》

魚の腹《はら》のなかにある
産卵前《さんらんまえ》の卵の
ひとまとまりは「一腹《ひとはら》」

数《かず》の子《こ》

鰊《にしん》の卵

鳥《とり》の羽根《はね》に似《に》て
いるので
「一羽《ひとはね》」
とも数えます。

二羽《ふたはね》で
「一腹《ひとはら》」
と数えます。

鱈子《たらこ》

スケソウダラの卵

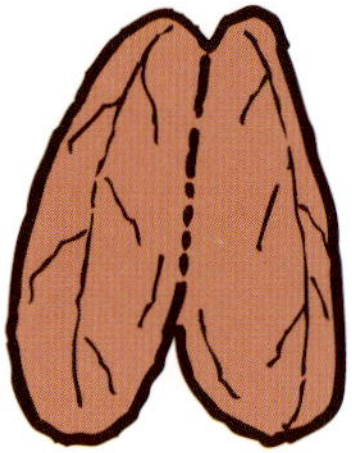

「一腹《ひとはら》」

片方《かたほう》だけなら
「片腹《かたはら》」
と数えます。

このポリポリがたまらないわあ

チョウザメの卵

キャビア

「一《ひと》粒《つぶ》」

小《こ》売《う》り単位《たんい》は
「一《ひと》缶《かん》」
「一《ひと》瓶《びん》」
と数えます。

CAVIAR

クラッカーにちょこんとのせて・・・

鮭《さけ》の卵

筋《すじ》子《こ》

「一《ひと》腹《はら》」

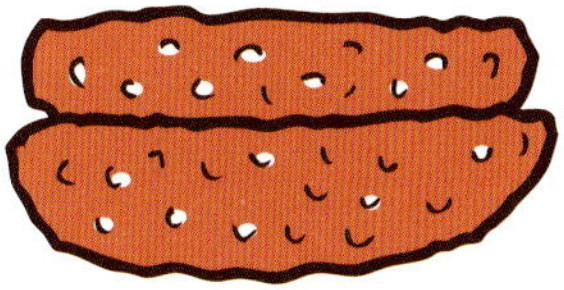

鮭・鱒《ます》の卵をほぐしたもの

イクラ

「一《ひと》粒《つぶ》」

「イクラ」は
ロシア語《ご》で
「魚の卵」
という意《い》味《み》です。

コラム

鮨《すし》

日本の鮨《すし》文化《ぶんか》は江戸時代《えどじだい》にさかのぼります。握《にぎ》り鮨《ずし》一貫《いっかん》は何個《なんこ》でしょうか？

鮨「一貫」の由来《ゆらい》

江戸時代
当時《とうじ》の屋台鮨《やたいずし》はひもに通《とお》した穴《あな》あき銭《せん》「一貫分《いっかんぶん》」と同《おな》じ大《おお》きさで二《に》、三口《さんくち》で食《た》べるものだったようです。

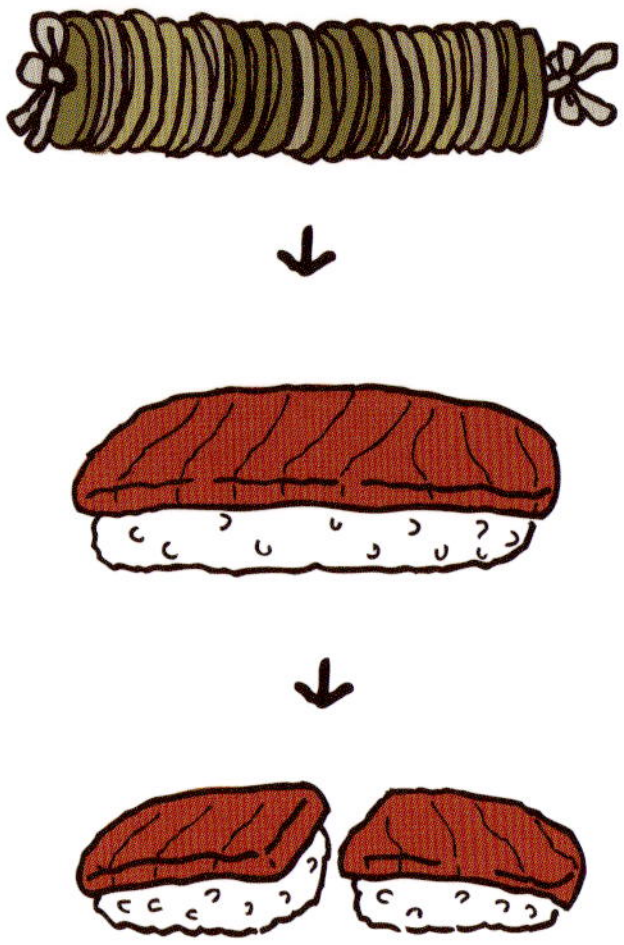

のちに食べやすく半分《はんぶん》に分《わ》けて握《にぎ》るようになったことから「一貫で二個《にこ》」となったそうです。

江戸のファストフード

握り鮨は銭湯《せんとう》の帰《かえ》りなどに一《いち》、二個《にこ》つまんで小腹《こばら》を満《み》たす江戸《えど》っ子《こ》のファストフードだったようです。

現在《げんざい》では？

全国《ぜんこく》すし商生活衛生同業組合《しょうせいかつえいせいどうぎょうくみあい》連合会《れんごうかい》の見解《けんかい》では「鮨一貫は一個《いっこ》」と統一《とういつ》しているそうです。

ちなみに現代《げんだい》の回転鮨屋《かいてんずしや》では何個のっていようと「一皿《ひとさら》」と数えます。

トロは捨《す》てられていた？

冷蔵庫《れいぞうこ》がなかった江戸時代、鮨ネタは生魚《なまざかな》を醤油《しょうゆ》に漬《つ》けて鮮度《せんど》を保《たも》っていました。

脂分《あぶらぶん》の多《おお》い鮪《まぐろ》のトロは醤油に漬からないので鮮度が落《お》ちやすく人気《にんき》がなかったそうです。ほとんど口《くち》にされず道《みち》に捨てられていたとか・・・もったいない話《はなし》です。

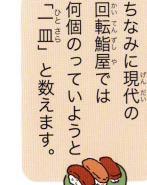

麺《めん》類《るい》

乾《かん》麺《めん》

「一本《いっぽん》」

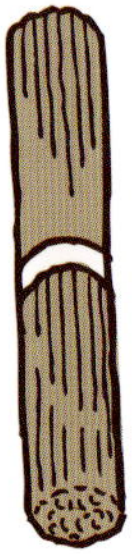

「一束《ひとたば》」「一把《いちわ》」

箱《はこ》に入《はい》ると「一箱《ひとはこ》」

生《なま》麺《めん》

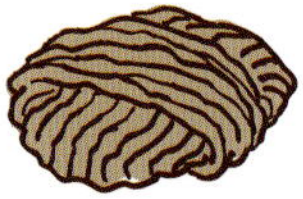

「一玉《ひとたま》」「一人前《いちにんまえ》」

椀《わん》・丼《どんぶり》に入《はい》ると「一杯《いっぱい》」

ざるに盛《も》られると「一枚《いちまい》」

ざるそば一枚
私は天ぷらそば
ざる一丁 天ぷらそば一丁!

出前《でまえ》

注文《ちゅうもん》された人数分《にんずうぶん》の料理《りょうり》は「人前《にんまえ》」

出前の注文数《ちゅうもんすう》は「件《けん》」

注文数の「丁《ちょう》」は盛《さか》んな様子《ようす》を意味《いみ》し、景気《けいき》づけのために店側《みせがわ》が使《つか》う言葉《ことば》です。

茶《ちゃ》

製法《せいほう》から人《ひと》の口《くち》に入《はい》るまでの状態《じょうたい》によって変《か》わる数え方

茶の木《き》からその年《とし》最初《さいしょ》に摘《つ》み取《と》った茶葉《ちゃば》は「一番茶《いちばんちゃ》」

摘む順番《じゅんばん》で「一番茶」「二番茶《にばんちゃ》」と呼《よ》び、茶の質《しつ》などを区分《くぶん》します。

急須《きゅうす》に湯《ゆ》を注《そそ》ぐ回数《かいすう》は「一煎目《いっせんめ》」「二煎目《にせんめ》」

茶を飲《の》んでひと休《やす》みする時《とき》は「一服《いっぷく》」を使《つか》います。

茶会《ちゃかい》

「一席《いっせき》」

茶葉の量《りょう》を数える時は「斤《きん》」を単位《たんい》とします。

「一封《いっぷう》」

「一缶《ひとかん》」

酒《さけ》

入った器《うつわ》によって変わる数え方

ジョッキやグラス
猪口《ちょこ》などに注《そそ》いだ
酒は「一杯《いっぱい》」

盃《さかづき》に注いだ
酒は「一盞《いっさん》」
とも数えます。

「一樽《ひとたる》」

「一本《いっぽん》」

BEER

「一缶《ひとかん》」

BEER

「一本《いっぽん》」

プシュ

神仏《しんぶつ》に捧《ささ》げる酒や
客《きゃく》にすすめる酒を
「一献《いっこん》」
と数えます。

一献
おあがり
ください

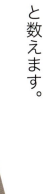

果《くだ》物《もの》

林《りん》檎《ご》
「一《ひと》玉《たま》」
「一《いっ》個《こ》」

さくらんぼ
「一《ひと》房《ふさ》」

「一《ひと》粒《つぶ》」

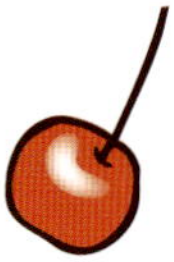

バナナ
「一《ひと》房《ふさ》」

「一《いっ》本《ぽん》」

小《こ》売《う》り用《よう》のかごに盛《も》られると
「一《ひと》山《やま》」

パイナップル
「一《いっ》本《ぽん》」

切《き》り分《わ》けると
「一《ひと》切《き》れ」

蜜《み》柑《かん》
「一《いっ》個《こ》」

「一《ひと》房《ふさ》」

西《すい》瓜《か》
「一《ひと》玉《たま》」

切り分けると
「一《ひと》切《き》れ」

野菜《やさい》

ブロッコリー

「一株《ひとかぶ》」

小分《こわ》けにすると
「一房《ひとふさ》」

大蒜《にんにく》

「一玉《ひとたま》」

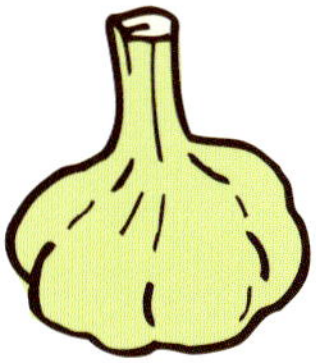

「一片《ひとかけ》」

大根《だいこん》

「一本《いっぽん》」
「一株《ひとかぶ》」

空豆《そらまめ》

莢《さや》に入《はい》っていると
「一莢《ひとさや》」

豆は
「一粒《ひとつぶ》」
「一個《いっこ》」

蓮根《れんこん》

「一節《ひとふし》」

切り分けると
「一切《ひとき》れ」

キャベツ

「一玉《ひとたま》」「一個《いっこ》」

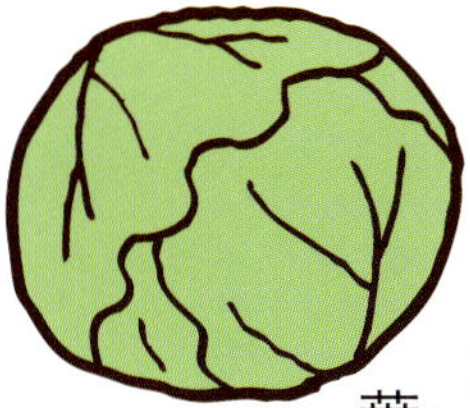

葉《は》をはがすと
「一枚《いちまい》」

トマト

「一玉《ひとたま》」
「一個《いっこ》」

菠薐草《ほうれんそう》

葉物野菜《はものやさい》が束《たば》になって
いるものは
「一把《いちわ》」「一束《ひとたば》」
と数えます。

餅《もち》

一回《いっかい》の餅つきで
つきあがる量《りょう》は
「一臼《ひとうす》」
と数えます。

のし餅《もち》
「一枚《いちまい》」

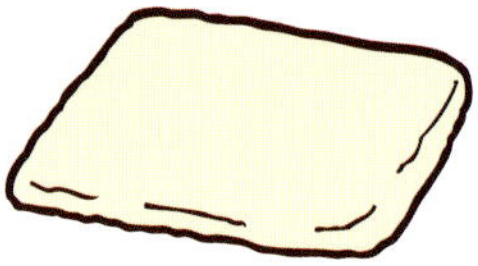

丸餅《まるもち》
「一個《いっこ》」

豆腐《とうふ》

偶数《ぐうすう》という意味《いみ》の「丁《ちょう》」を使《つか》った数え方

豆腐二個分《にこぶん》で
「一丁《いっちょう》」

豆腐一個分《いっこぶん》で
「半丁《はんちょう》」

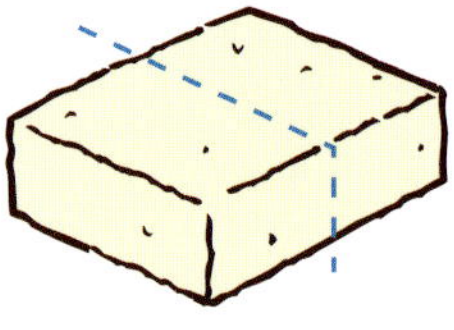

もともと「豆腐一丁」で
二個分を指《さ》していました。
一個買《か》う場合《ばあい》は
「豆腐半丁」といいました。

ひとくちメモ

現代《げんだい》では豆腐一《ひと》パックを「一丁」とも数えます。

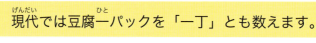

洋菓子《ようがし》

ケーキ

丸《まる》ごとで「一台《いちだい》」

切《き》り分《わ》けると「一切《ひとき》れ」

カステラ

一《ひと》つの釜《かま》で焼《や》ける量《りょう》は「一釜《ひとかま》」

切り分けると「一切《ひとき》れ」

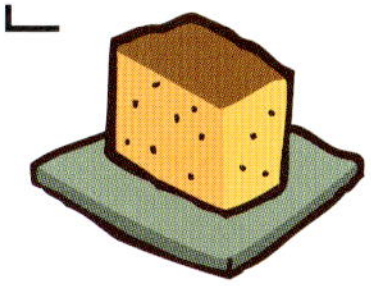

キャラメル

「一粒《ひとつぶ》」

「一箱《ひとはこ》」

板《いた》チョコレート

「一枚《いちまい》」

和菓子《わがし》

饅頭《まんじゅう》

「一団《いちだん》」「一個《いっこ》」

「団」は丸めたものを数えるのに使います

串団子《くしだんご》

「一串《ひとくし》」

煎餅《せんべい》

「一枚《いちまい》」

羊羹《ようかん》

「一棹《ひとさお》」「一本《いっぽん》」

物干竿《ものほしざお》のように細長《ほそなが》く棒状《ぼうじょう》の和菓子のことを棹物菓子《さおものがし》と呼《よ》びます。羊羹のほか、外郎《ういろう》も含《ふく》まれます。

パン

食《しょく》パン

スライスする前《まえ》の塊《かたまり》は「一《いっ》斤《きん》」

スライスしたものは「一《いち》枚《まい》」

フランスパン

「一《いっ》本《ぽん》」と数えます。

肉《にく》

牛肉《ぎゅうにく》 豚肉《ぶたにく》

「一《いっ》塊《かい》」

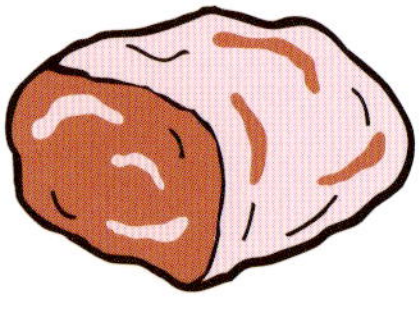

切《き》り分《わ》けると「一《ひと》切《き》れ」

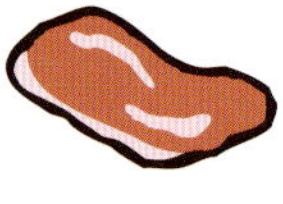

鶏肉《とりにく》

丸《まる》ごとで「一《いち》羽《わ》」

胸肉《むねにく》・もも肉《にく》は「一《いち》枚《まい》」

ささ身《み》・手羽《てば》肉《にく》は「一《いっ》本《ぽん》」

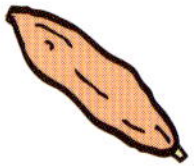

ソーセージ

「一《いち》連《れん》」

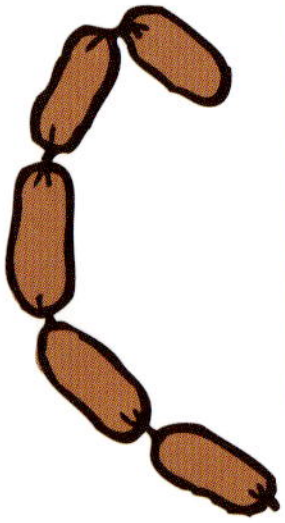

切《き》り離《はな》すと「一《いっ》本《ぽん》」

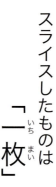

第三章

植物《しょくぶつ》の数《かぞ》え方《かた》

桜《さくら》の花《はな》は一輪《いちりん》、花《はな》びらは…
どのように数えるのでしょうか。

花《はな》

形《かたち》や咲《さ》き方《かた》の様子《ようす》で変《か》わる数え方

花びらを丸《まる》く広《ひろ》げて咲く花は「一輪《いちりん》」

ガーベラ

チューリップ

野《の》の花《はな》

「一《ひと》咲《さ》き」

レンゲ

たんぽぽ

群生《ぐんせい》しているもの

「一群《ひとむれ》」

「一叢《ひとむら》」

しばざくら

紫陽花《あじさい》

花のかたまりは「一朶《いちだ》」

花ひとつで「一輪《いちりん》」

朝《あさ》顔《がお》

花ひとつで「一《いち》輪《りん》」

鉢《はち》に入《はい》った物《もの》は「一《ひと》鉢《はち》」

花《はな》束《たば》

「一《ひと》束《たば》」

花《か》壇《だん》

「一《いち》面《めん》」

木《き》

背《せ》の高《たか》い木《き》

「一本《いっぽん》」「一木《いちぼく》」と数えます。

低木《ていぼく》や茂《しげ》み

「一株《ひとかぶ》」

枝《えだ》

「一《ひと》枝《えだ》」

葉《は》

「一葉《いちよう・ひとは》」

竹《たけ》

通常《つうじょう》は「一《いっ》本《ぽん》」

まっすぐで美《うつく》しい様子《ようす》を雅語的《がごてき》に表現《ひょうげん》すると「一《ひと》筋《すじ》」となります。

切《き》り株《かぶ》

「一《ひと》株《かぶ》」

木目《もくめ》

「一《いっ》本《ぽん》」

年輪《ねんりん》

「一《いち》重《じゅう》」

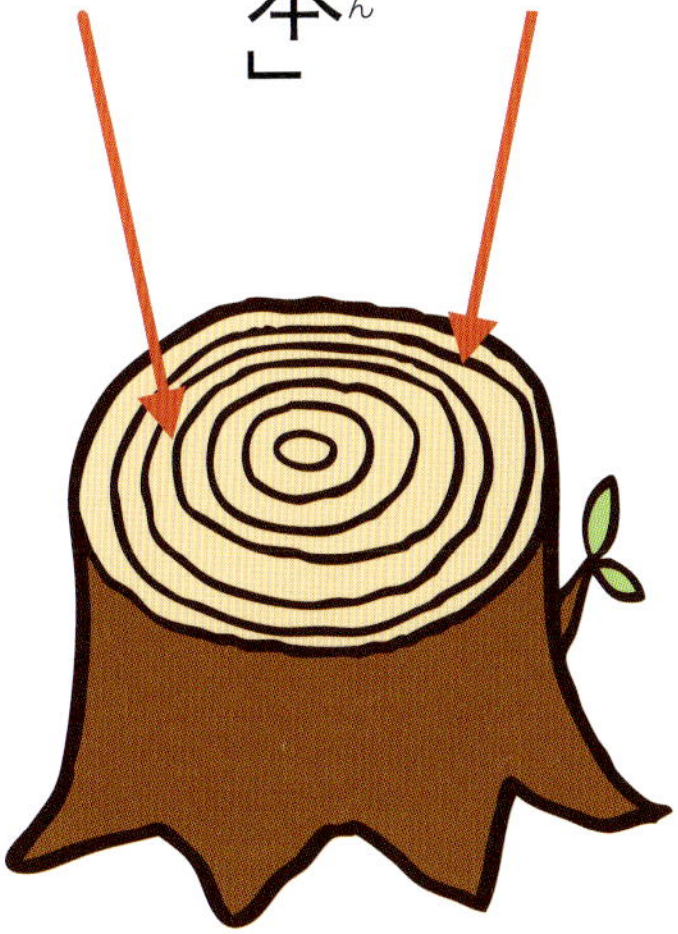

ひとくちメモ

雅語とは和歌《わか》などに使《つか》う平安時代風《へいあんじだいふう》の上品《じょうひん》な言葉《ことば》です。

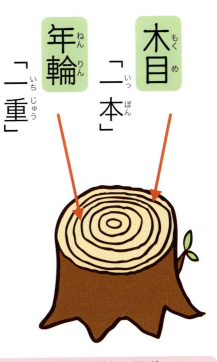

桜《さくら》

桜《さくら》の木《き》

「一《いっ》本《ぽん》」「一《ひと》株《かぶ》」

花《はな》「一輪《いちりん》」

つぼみ「一個《いっこ》」

まとまると「一房《ひとふさ》」

花《はな》びら「一枚《いちまい》」

風《かぜ》に舞《ま》う花《はな》びらは「一片《ひとひら》」

稲《いね》・米《こめ》

稲《いね》

植物《しょくぶつ》としては「一本《いっぽん》」「一株《ひとかぶ》」

刈《か》り取《と》った稲は「一把《いちわ》」「一束《いっそく》」

片手《かたて》でまとめられる分量《ぶんりょう》を「一把《いちわ》」

十把《じっぱ》で「一束《いっそく》」と数えます。

米《こめ》

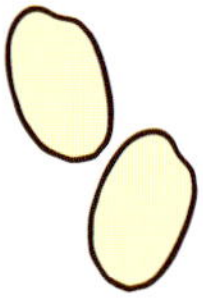

「一粒《ひとつぶ》」

精米《せいまい》して俵《たわら》につめると「一俵《いっぴょう》」

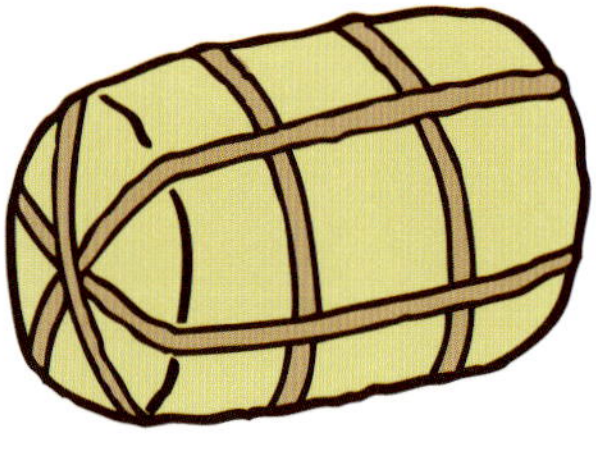

第四章

暮《く》らしの中《なか》の数《かぞ》え方《かた》

茶碗《ちゃわん》は一個《いっこ》、ご飯《はん》が盛《も》られると…
どのように数えるのでしょうか。

文《ぶん》房《ぼう》具《ぐ》

ランドセル
「一《いっ》個《こ》」

鉛《えん》筆《ぴつ》
「一《いっ》本《ぽん》」

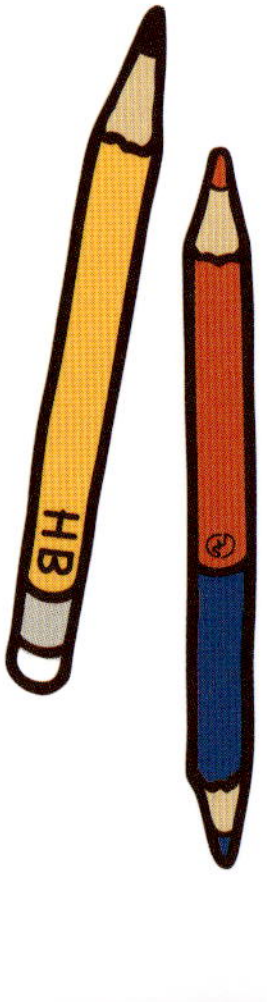

消《け》しゴム
「一《いっ》個《こ》」

ノート
「一《いっ》冊《さつ》」

定《じょう》規《ぎ》
「一《いっ》本《ぽん》」

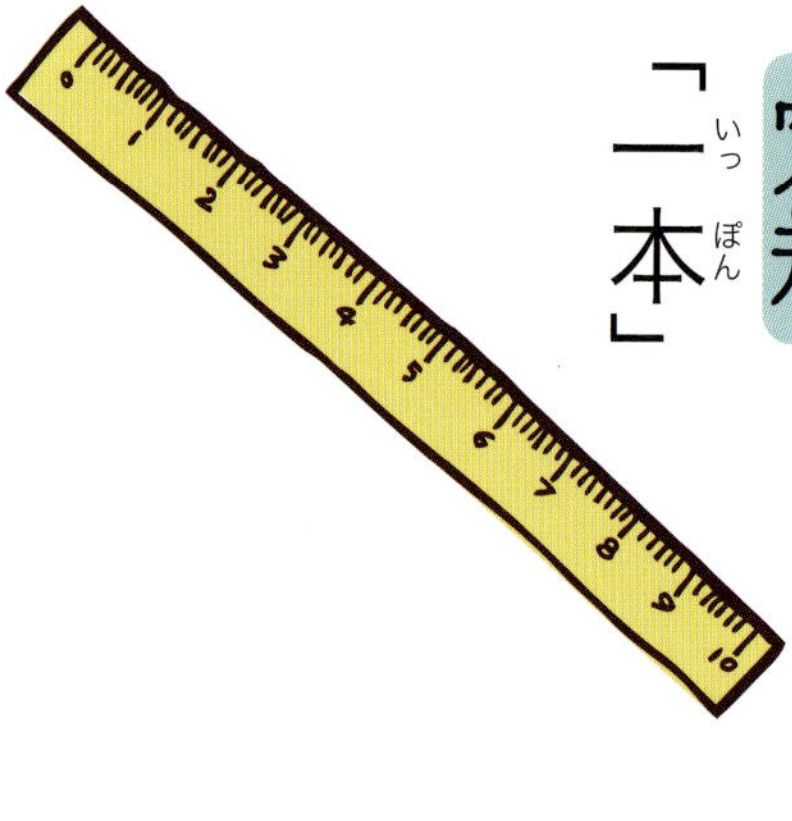

筆《ふで》箱《ばこ》
「一《いっ》個《こ》」

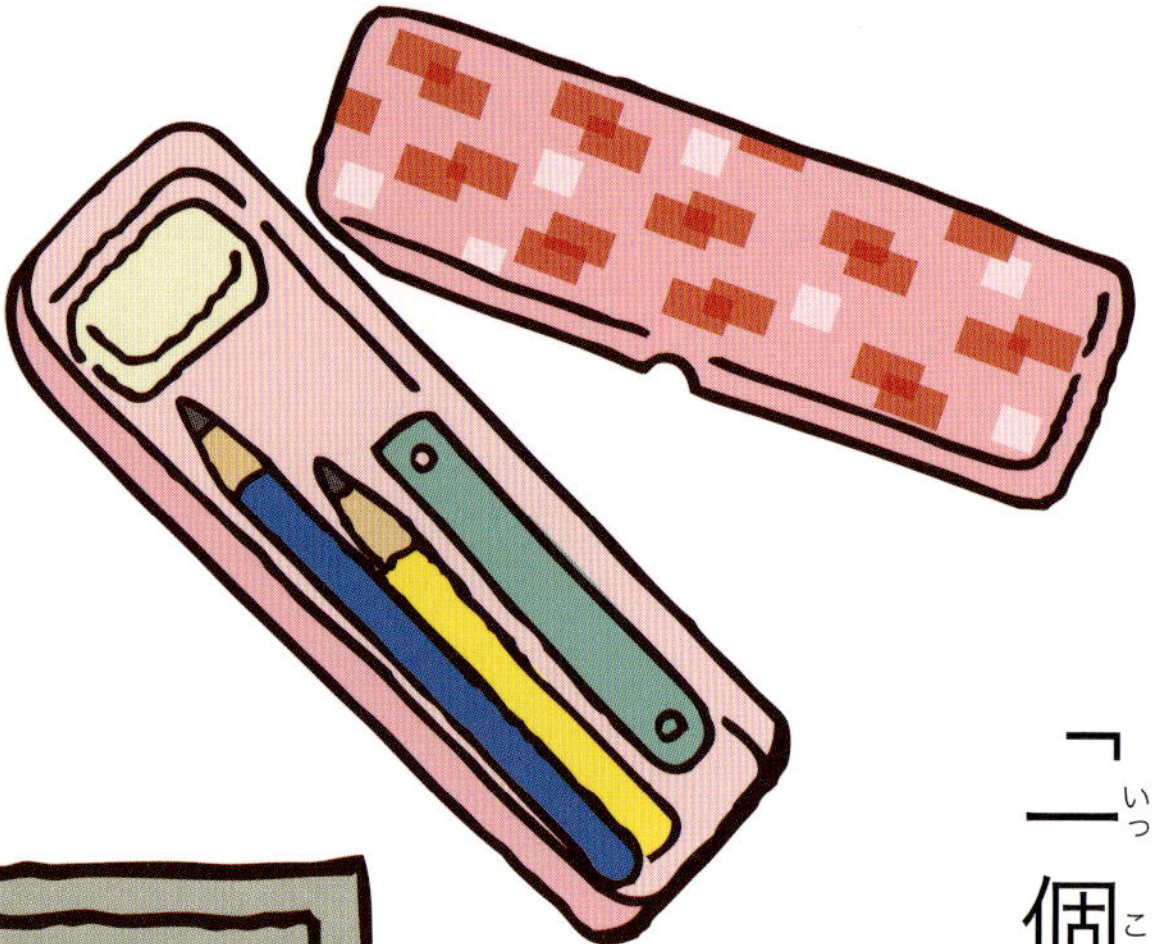

筆《ふで》

「一本《いっぽん》」
雅語的《がごてき》に数えると
「一管《いっかん》」「一茎《いっけい》」
筆で書《か》いた字《じ》は
「一筆《いっぴつ》」

硯《すずり》

石《いし》で出来《でき》ているため
「一石《いっせき》」
表面《ひょうめん》を使《つか》う道具《どうぐ》として
「一面《いちめん》」
とも数えます。

墨《すみ》

「一丁《いっちょう》」

重《おも》さによって「一丁型《いっちょうがた》」

「二丁型《にちょうがた》」と呼《よ》びます。

ホッチキス

「一個《いっこ》」

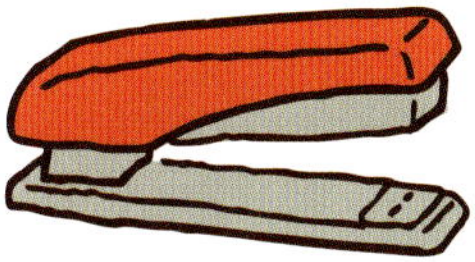

針《はり》

「一本《いっぽん》」

「一玉《ひとたま》」

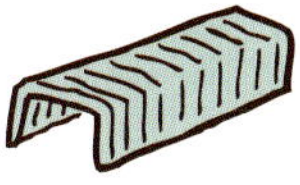

小刀《こがたな》

「一本《いっぽん》」

「一振《ひとふ》り」

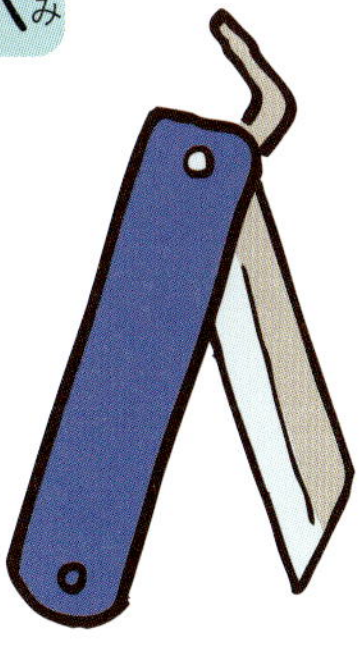

鋏《はさみ》

「一本《いっぽん》」「一丁《いっちょう》」

「一挺《いっちょう》」

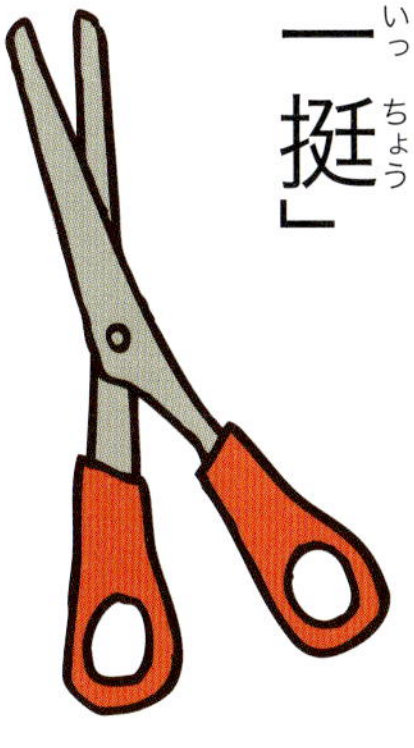

ひとくちメモ

墨の重さは 15g で一丁型、30g で二丁型となります。

家《か》具《ぐ》

卓《ちゃ》袱《ぶ》台《だい》

「一《いっ》脚《きゃく》」「一《いち》台《だい》」「一《いっ》卓《たく》」

本《ほん》棚《だな》

「一《いち》台《だい》」「一《いっ》本《ぽん》」

机《つくえ》

「一《いち》台《だい》」

椅《い》子《す》

「一《いっ》脚《きゃく》」

ひとくちメモ

「脚《きゃく》」は脚《あし》がついているものを数えるのに使《つか》います。

箪笥《たんす》

「一棹《ひとさお》」「一台《いちだい》」

抽斗《ひきだし》

「一杯《いっぱい》」

葛籠《つづら》

「一合《いちごう》」「一荷《いっか》」「一本《いっぽん》」

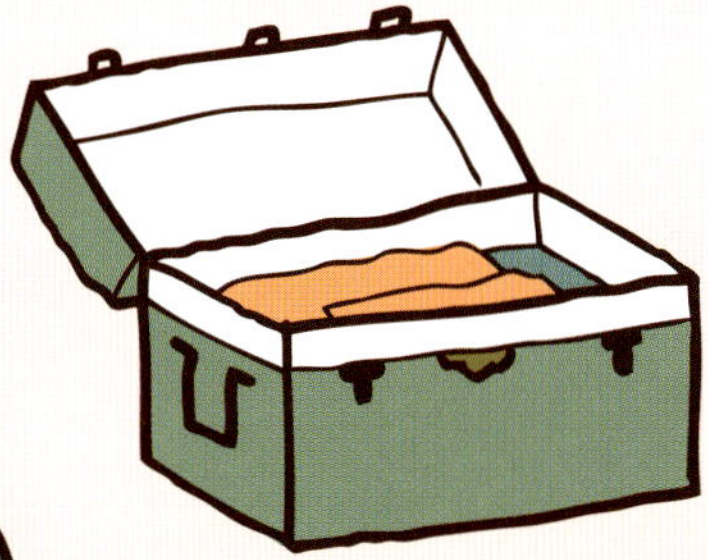

江戸《えど》時代《じだい》に登場《とうじょう》した箪笥《たんす》や長持《ながもち》には鉄金具《てつかなぐ》がついていて持《も》ち運《はこ》ぶ時《とき》は金具に棹《さお》を通《とお》して前後《ぜんご》で担《かつ》ぎました。そこから棹《さお》や竿《さお》の数え方の「本《ほん》」や「棹《さお》」が使われるようになりました。

ベッド

家具としては「一台《いちだい》」病院《びょういん》では「一床《いっしょう》」と数えます。

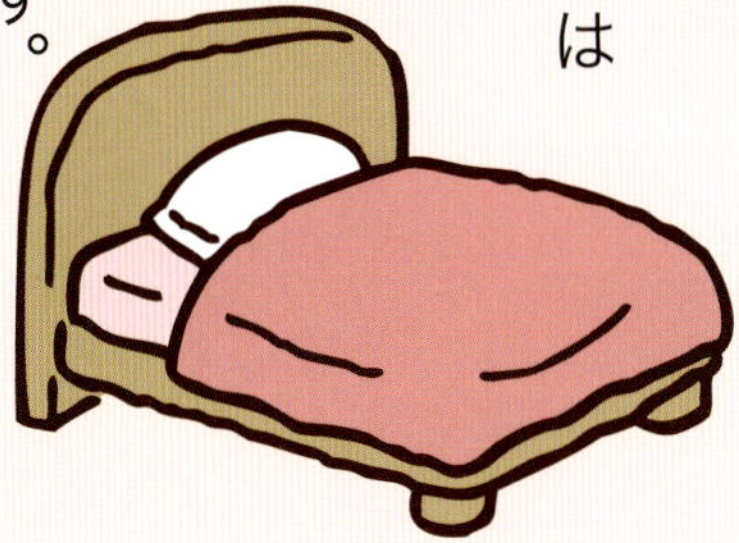

暮《く》らしの道具《どうぐ》

鍋《なべ》「一《いっ》個《こ》」「一《いっ》口《こう》」

釜《かま》「一《いっ》個《こ》」「一《いっ》口《こう》」

竈《かまど》「一《いっ》基《き》」「一《いち》台《だい》」

俎板《まないた》「一《いっ》丁《ちょう》」「一《いち》枚《まい》」

包丁《ほうちょう》「一《いっ》本《ぽん》」「一《いっ》挺《ちょう》」

笊《ざる》「一《いち》枚《まい》」「一《いっ》個《こ》」

瓶《かめ》「一《いっ》口《こう》」

柄杓《ひしゃく》「一《いっ》本《ぽん》」

ひとくちメモ

「口《こう》」は口《くち》の広《ひろ》い容器《ようき》などを数《かぞ》えるのに使《つか》います。

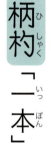

桶《おけ》 「一本《いっぽん》」

盥《たらい》 「一個《いっこ》」「一口《いっこう》」

浴槽《よくそう》 「一桶《ひとおけ》」「一据《ひとす》え」

茣蓙《ござ》 「一枚《いちまい》」

座布団《ざぶとん》 「一枚《いちまい》」「一客《いっきゃく》」
五枚《ごまい》で「一組《ひとくみ》」と数えます。

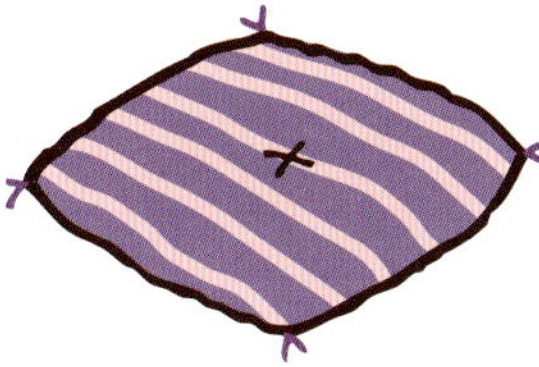

風呂敷《ふろしき》 「一枚《いちまい》」
物《もの》を包《つつ》むと「一包《ひとつつ》み」

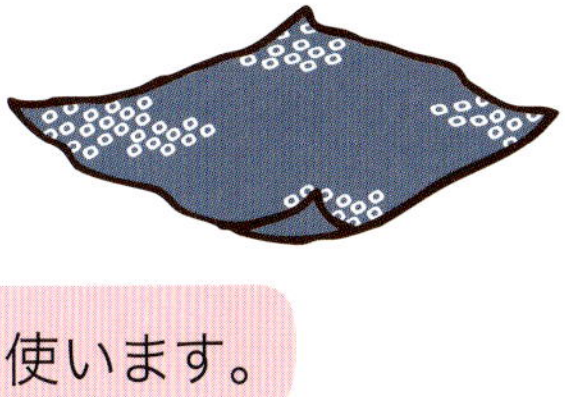

行李《こうり》 「一梱《ひとこり》」

鋤《すき》 **鎌《かま》**
「一丁《いっちょう》」「一本《いっぽん》」「一挺《いっちょう》」

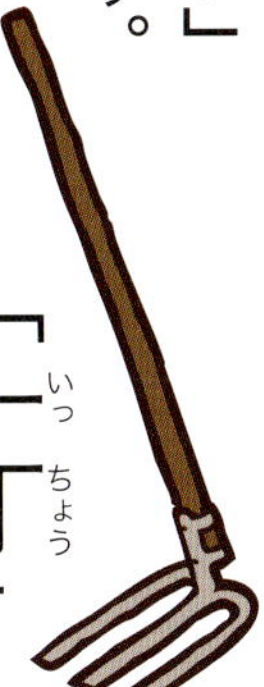

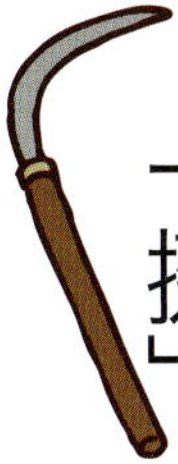

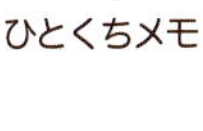

ひとくちメモ

「挺《ちょう》」は手《て》に持《も》って使う細長《ほそなが》い道具を数えるのに使います。

襖《ふすま》

「一枚《いちまい》」「一本《いっぽん》」

まれに「一領《いちりょう》」を使《つか》います。

「領《りょう》」というのは衣服《いふく》の襟《えり》のことです。同《おな》じ読《よ》み方《かた》をする「衾《ふすま》」という襟のある寝具《しんぐ》を「領《りょう》」で数えていたことに由来《ゆらい》します。

障子《しょうじ》

「一枚《いちまい》」

はりかえ
だから
しかられ
ないね

長火鉢《ながひばち》

「一基《いっき》」「一据《ひとす》え」

炬燵《こたつ》

「一台《いちだい》」「一基《いっき》」

火鉢《ひばち》

「一本《いっぽん》」

ひとくちメモ

電気炬燵《でんきごたつ》は「一台」と数えますが、掘炬燵《ほりごたつ》は「一基」と数えます。

暖《の》簾《れん》「一《いち》枚《まい》」「一《ひと》垂《た》れ」

簾《すだれ》「一《いち》枚《まい》」「一《ひと》垂《た》れ」

団《うち》扇《わ》「一《いち》枚《まい》」「一《いっ》本《ぽん》」

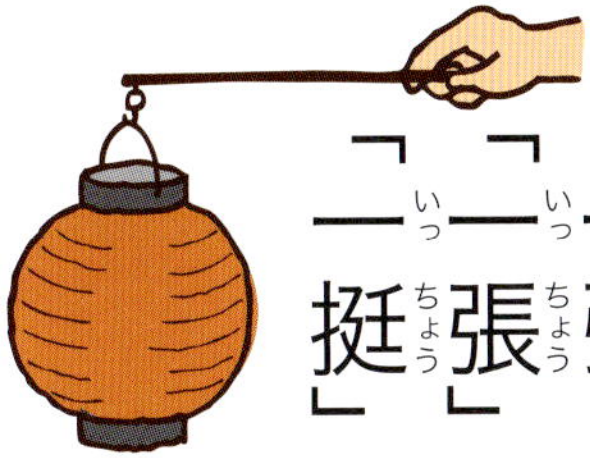

提《ちょう》灯《ちん》「一《ひと》張《は》り」「一《いっ》張《ちょう》」「一《いっ》挺《ちょう》」

蚊《か》帳《や》「一《ひと》張《は》り」「一《ひと》垂《た》れ」

テント「一《ひと》張《は》り」

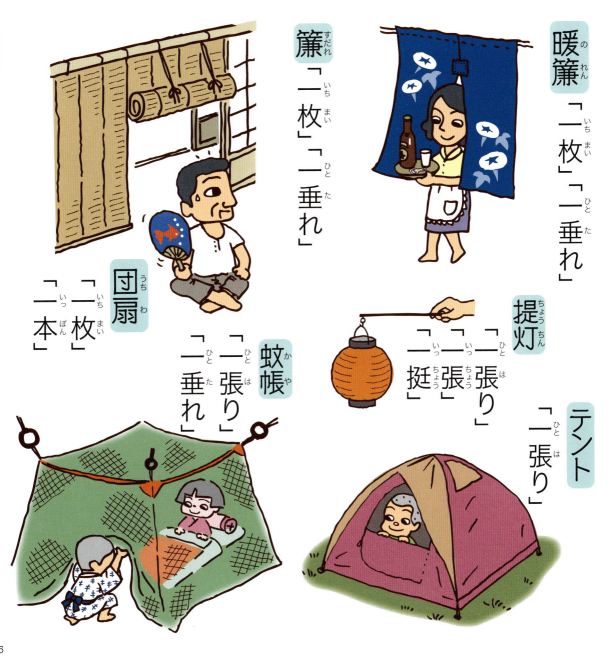

食器《しょっき》

茶碗《ちゃわん》

「一個《いっこ》」

ご飯《はん》が盛《も》られると

「一膳《いちぜん》」

「一杯《いっぱい》」

湯呑《ゆの》み

「一個《いっこ》」

「一口《いっこう》」

皿《さら》

「一枚《いちまい》」

箸《はし》

「一膳《いちぜん》」

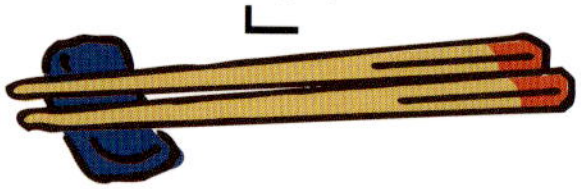

蓋《ふた》のある器《うつわ》

「一合《いちごう》」

コップ

「一個《いっこ》」

液体《えきたい》が入《はい》ると

「一杯《いっぱい》」

脚《あし》がついているグラス

「一脚《いっきゃく》」

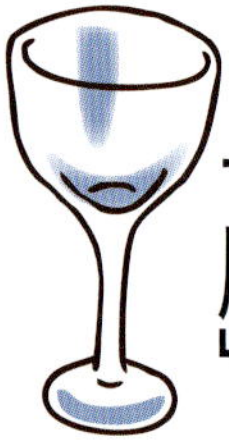

盃《さかずき》

「一個《いっこ》」

「一口《いっこう》」

酒《さけ》が注《そそ》がれると

「一盞《いっさん》」

猪口《ちょこ》

「一個《いっこ》」

「一口《いっこう》」

酒が注がれると

「一杯《いっぱい》」

銚子《ちょうし》

「一本《いっぽん》」

古《ふる》くは「一《ひと》提《さ》げ」とも数えました。

客用《きゃくよう》の揃《そろ》いの器《うつわ》

接客用《せっきゃくよう》や特別《とくべつ》な時《とき》のために使《つか》う器は「一客《いっきゃく》」と数えます。

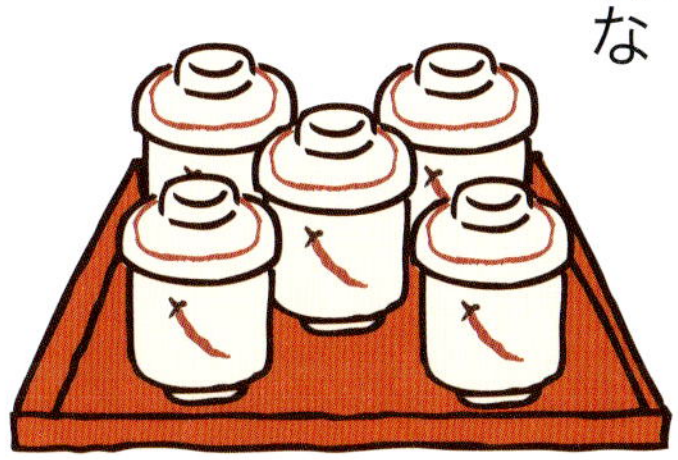

湯呑《ゆの》みと茶托《ちゃたく》

「一客《いっきゃく》」

カップとソーサー

「一客《いっきゃく》」

和食器《わしょっき》

五枚《ごまい》または五個《ごこ》で「一組《ひとくみ》」

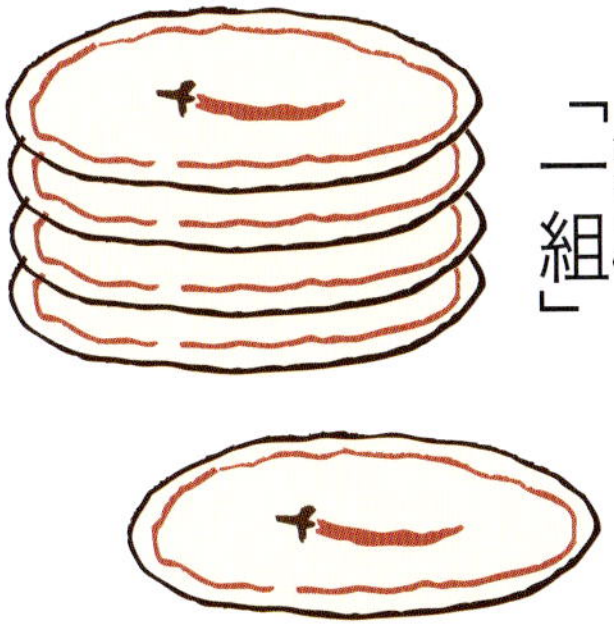

洋食器《ようしょっき》

六枚《ろくまい》または十二枚《じゅうにまい》で「一組《ひとくみ》」

「一組」にあたる数字《すうじ》が日本《にほん》と西洋《せいよう》で違《ちが》います。

日本では昔《むかし》から奇数《きすう》（三《さん》・五《ご》・七《しち》）が尊《とうと》ばれてきました。

西洋では、ダース（十二《じゅうに》）という単位《たんい》でものを数える習慣《しゅうかん》があります。

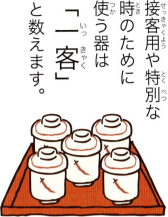

花《はな》火《び》

打《う》ち上《あ》げ花《はな》火《び》

「一《いっ》発《ぱつ》」

線香花火《せんこうはなび》
「一本《いっぽん》」

ねずみ花火《はなび》
「一個《いっこ》」

噴出花火《ふんしゅつはなび》
「一個《いっこ》」

昼花火《ひるはなび》
「一発《いっぱつ》」

運動会《うんどうかい》などの開催《かいさい》を知《し》らせる「音《おと》だけの花火」です。

コラム 家《いえ》と家族《かぞく》

結婚《けっこん》することを「所帯《しょたい》を持《も》つ」というように家と家族にはさまざまな言葉《ことば》や数え方があります。

世帯《せたい》とは

生計《せいけい》を共《とも》にする独立《どくりつ》した家族のことを指《さ》します。同居人《どうきょにん》も「世帯員《せたいいん》」となります。

はい 今月分
ご苦労さまです

一戸《いっこ》建《だ》て

一《ひと》つの敷地《しきち》に建《た》つ一つの建物《たてもの》に一世帯《いっせたい》が住《す》む家屋《かおく》のことです。「一戸《いっこ》」「二戸《にこ》」と数えます。

戸《こ》とは

建物の数《かず》は一《ひと》棟《むね》でもマンションやアパートのような共同住宅《きょうどうじゅうたく》の場合《ばあい》はドアごとに「一戸」「二戸」と数えます。

二《に》世《せ》帯《たい》住《じゅう》宅《たく》

二《に》世《せ》代《だい》ないし三《さん》世《せ》代《だい》が同《おな》じ一棟の建物の中で別々《べつべつ》の世帯として暮《く》らす住宅をいいます。階《かい》によって独立《どくりつ》していたり共同《きょうどう》部分《ぶぶん》を持《も》ったりします。

新聞《しんぶん》

新聞《しんぶん》ひとまとまり

「一部《いちぶ》」

各《かく》ページ

「一面《いちめん》」

社会面《しゃかいめん》　文化面《ぶんかめん》などを指《さ》します。

記事《きじ》「一点《いってん》」

新聞の種類《しゅるい》は「紙《し》」で数えます。

●全国紙《ぜんこくし》

日本全国《にほんぜんこく》に販売網《はんばいもう》のある新聞。「朝日《あさひ》」「毎日《まいにち》」「読売《よみうり》」「日本経済《にほんけいざい》」「産経《さんけい》」の五大全国紙《ごだいぜんこくし》をいいます。

●ブロック紙

数県《すうけん》にわたる広域《こういき》で販売されていて地域《ちいき》での影響力《えいきょうりょく》も大きい新聞。

●産業紙《さんぎょうし》

産業《さんぎょう》と流通《りゅうつう》あるいは金融《きんゆう》と証券《しょうけん》といった各分野《かくぶんや》の情報《じょうほう》を掲載《けいさい》しています。

●業界紙《ぎょうかいし》

業界《ぎょうかい》や専門分野《せんもんぶんや》に関《かん》する情報を広《ひろ》く細《こま》かく掲載しています。

●スポーツ紙

スポーツ、芸能《げいのう》など娯楽《ごらく》に関する情報を中心《ちゅうしん》とする新聞。

●競馬新聞《けいばしんぶん》

競馬《けいば》の予想紙《よそうし》。発行《はっこう》は競馬開催《かいさい》の前日《ぜんじつ》です。

ちょっと昔《むかし》のサラリーマン

七《しち》三《さん》分《わ》けの髪《かみ》型《がた》
黒《くろ》い袖《そで》カバーを
つける人《ひと》が多《おお》く
いました。

電《でん》話《わ》「一《いち》台《だい》」

算《そろ》盤《ばん》「一《いち》面《めん》」「一《いっ》挺《ちょう》」

伝《でん》票《ぴょう》「一《いち》枚《まい》」「一《いち》帖《じょう》」

名《めい》刺《し》

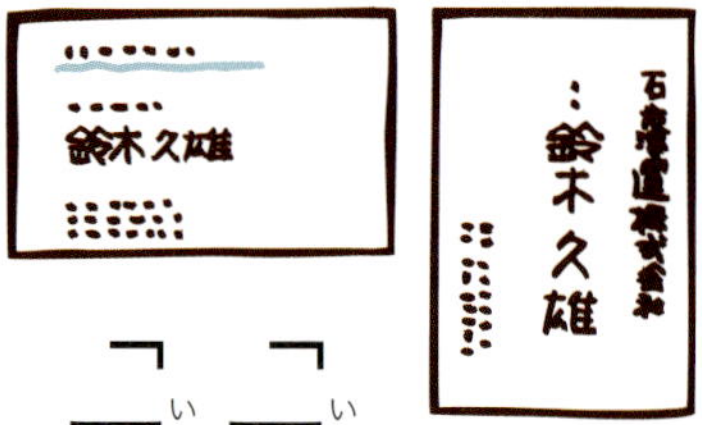

「一《いち》枚《まい》」「一《いち》葉《よう》」

今《いま》では、昔ほど使《つか》われなくなったでしょうか。

手《て》帳《ちょう》

「一《いっ》冊《さつ》」「一《いち》帖《じょう》」

背《せ》広《びろ》の内《うち》ポケットに入《い》れ、細《ほそ》い鉛《えん》筆《ぴつ》が収《おさ》まっている型《かた》です。

近頃《ちかごろ》のサラリーマン

パソコン「一《いち》台《だい》」

計《けい》算《さん》機《き》「一《いち》台《だい》」

携《けい》帯《たい》電《でん》話《わ》「一《いち》台《だい》」

ラフな髪型
カラーシャツに
ノーネクタイも
多いです。

ネクタイ

「一《いっ》本《ぽん》」
「一《ひと》掛《か》け」

印《いん》判《ばん》

押《おう》印《いん》されたものは「一《いっ》顆《か》」

「顆《か》」は、小《ちい》さくて丸《まる》いものを表《あらわ》します。

印《いん》鑑《かん》

「一《いっ》本《ぽん》」

このあたりは昔と変わらないなあ

手紙《てがみ》・写真《しゃしん》

封書《ふうしょ》

「一封《いっぷう》」

葉書《はがき》

書《か》く前《まえ》のものは
「一枚《いちまい》」
「一葉《いちよう》」
文《ぶん》を書いて投函《とうかん》すると
「一通《いっつう》」

ポスト

「一本《いっぽん》」「一箇所《いっかしょ》」

切手《きって》

シートで
「一綴《ひとつづ》り」
切《き》り取《と》ると
「一枚《いちまい》」

写真《しゃしん》

「一枚《いちまい》」
「一葉《いちよう》」

「一葉」とは
木《こ》の葉《は》や紙《かみ》のように
薄《うす》く平《たい》らで小《ちい》さな
ものを数える時《とき》に
使《つか》います。
水面《すいめん》にたよりなく
浮《う》かぶ小舟《こぶね》のような
ものの表現《ひょうげん》にも
使います。

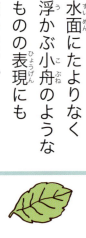

薬《くすり》

剤形《ざいけい》や容器《ようき》に応《おう》じて
さまざまに変《か》わる数え方

錠剤《じょうざい》

「一《いち》錠《じょう》」

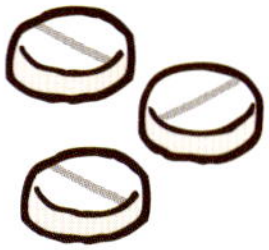

カプセル剤《ざい》

「一《いち》カプセル」
「一《いち》錠《じょう》」

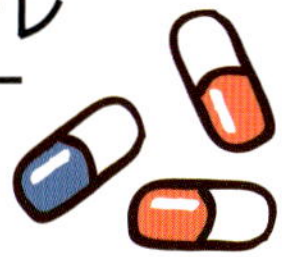

貼《は》り薬《ぐすり》

「一《いち》枚《まい》」

粉薬《こなぐすり》

「一《いっ》包《ぽう》」

服用《ふくよう》する一《いっ》回《かい》分《ぶん》の粉薬を
包《つつ》んだものは
「一《いっ》服《ぷく》」
と数えます。

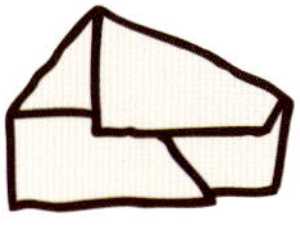

液剤《えきざい》

「一《いっ》本《ぽん》」

目薬《めぐすり》やうがい薬《ぐすり》
咳《せき》止《どめ》めシロップ
などです。

丸《がん》剤《ざい》

「一《ひと》粒《つぶ》」

小《ちい》さい錠剤《じょうざい》は「一《いち》丸《がん》」

ひとくちメモ

「丸《がん》」は丸《まる》く固《かた》まったものを数えるのに使《つか》います。

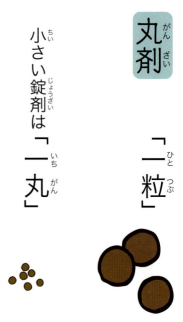

第五章

自然《しぜん》の数《かぞ》え方《かた》

雪《ゆき》は一片《ひとひら》、雨《あめ》は…

どのように数えるのでしょうか。

海《うみ》

文語《ぶんご》の場合《ばあい》は「一海《いっかい》」
通常《つうじょう》は「七《なな》つの海」のように「一《ひと》つ」
を使《つか》います。

波《なみ》

「一波《いっぱ》」
波のように次々《つぎつぎ》と
押《お》し寄《よ》せるもの事《ごと》
も一波、二波《には》と
数えます。

岬《みさき》

「一《ひと》つ」

「一《いっ》箇《か》所《しょ》」

「一《いっ》岬《こう》」

洞窟《どうくつ》

「一《いち》洞《どう》」

長《なが》い穴《あな》として数える時《とき》には「一《いっ》本《ぽん》」を使います。

山《やま》

高《たか》い山は「一《いち》座《ざ》」と数えます。
景勝地《けいしょうち》や登山地《とざんち》として有名《ゆうめい》な山は
「一《いち》峰《ほう》」「一《いち》山《さん》」「一《いち》岳《がく》」
と数えます。

登山《とざん》の難易度《なんいど》を表《あらわ》すのが
「合《ごう》」
緩《ゆる》やかな行程《こうてい》なら一合《いちごう》の距離《きょり》が
長《なが》くなり急傾斜《きゅうけいしゃ》だと短《みじか》くなります。

ひとくちメモ

登山ルートの十分《じゅうぶん》の一《いち》が一合目《いちごうめ》、頂上《ちょうじょう》が十合目《じゅうごうめ》です。

峰《みね》

高い峰《みね》続《つづ》きの連峰《れんぽう》は「一嶺《いちれい》」

険《けわ》しい独立峰《どくりつほう》の頂《いただき》は「一峰《いちほう》」

池《いけ》・湖《みずうみ》

池《いけ》

「一面《いちめん》」「一《ひと》つ」「一泓《いちおう》」

「泓《おう》」は水《みず》が深《ふか》くいっぱいに広《ひろ》がるさまを表しています。

湖《みずうみ》

「一湖《いっこ》」「一《ひと》つ」

通常《つうじょう》「つ」と数えますがたとえば「富士五湖《ふじごこ》」といったように「湖」とも数えます。

雨《あめ》

「一《いっ》滴《てき》」「一《ひと》粒《つぶ》」
「一《ひと》雫《しずく》」「一《ひと》雨《あめ》」

「雨」は降《ふ》る回数《かいすう》を示《しめ》します。
「これは一《ひと》雨《あめ》来《き》そうだ」などと
使《つか》います。

水《みず》たまり

「一《いち》面《めん》」

雪《ゆき》

「一《ひと》片《ひら》」

雪、紙《かみ》ふぶき、花《はな》びらのように小《ちい》さくてうすく宙《ちゅう》に舞《ま》うほどのものを数えるのに使います。

雪《ゆき》だるま

「一《いっ》個《こ》」

人《にん》間《げん》をかたどったものなので「一《いっ》体《たい》」とも数えます。

雲《くも》

雲は通常《つうじょう》「一《ひと》つ」と
数えますが・・・

入道雲《にゅうどうぐも》

高《たか》い山《やま》のように見《み》えるので
「一《いち》座《ざ》」

快晴《かいせい》の空《そら》にわずかに
浮《う》かぶ雲は
「一《いち》抹《まつ》の雲《くも》」
「一《いっ》点《てん》の雲《くも》」

まとまった雲は「一塊《ひとかたまり》」

木《き》の枝《えだ》が垂《た》れ下《さ》がるような雲の塊《かたまり》は雅語《がご》的《てき》な表現《ひょうげん》で「一朶《いちだ》の雲《くも》」といいます。

飛行機雲《ひこうきぐも》

「一筋《ひとすじ》」「一条《いちじょう》」「一本《いっぽん》」と数えます。

天《てん》体《たい》

星《ほし》

天体としての星は「一《いっ》個《こ》」
勝《しょう》負《ぶ》事《ごと》の勝《か》ち星《ぼし》や、品《ひん》質《しつ》・サービスなどの
評《ひょう》価《か》の星の数《かず》は「一《ひと》つ」と数えます。

流《なが》れ星《ぼし》

「一《ひと》筋《すじ》」「一《いっ》本《ぽん》」

筋《すじ》状《じょう》の尾《お》を引《ひ》いているので
「本」とも数えます。

星《せい》雲《うん》

「一《いっ》個《こ》」「一《いち》群《ぐん》」

星《せい》座《ざ》

「一《いち》座《ざ》」「一《いち》星《せい》座《ざ》」「一《ひと》つ」

牡羊座《おひつじざ》・牡牛座《おうしざ》など生《う》まれた日《ひ》で決《き》まる星座は十二《じゅうに》星《せい》座《ざ》といいます。

光《ひかり》

定《さだ》まった形《かたち》がない光は見《み》え方《かた》によって異《こと》なる数え方

すきまから差《さ》しこむ線状《せんじょう》の光は「一《ひと》筋《すじ》」「一《いち》条《じょう》」

月明《つきあ》かりや火影《ほかげ》は雅語的《がごてき》な表現《ひょうげん》で「一幅《いちふく・いっぷく》」

稲妻《いなづま》やカメラのフラッシュのような瞬間的《しゅんかんてき》な光は「一閃《いっせん》」と数えます。

比喩的《ひゆてき》表現として光は希望《きぼう》の意味《いみ》に使《つか》われわずかな希望を「一縷《いちる》の望《のぞ》み」といいます。

虹《にじ》

「一本《いっぽん》」「一《ひと》筋《すじ》」

詩的《してき》に数えると「一橋《いっきょう》」

第六章

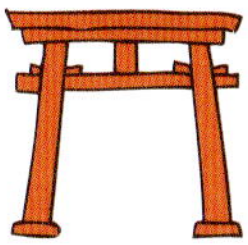

神《しん》仏《ぶつ》の数《かぞ》え方《かた》

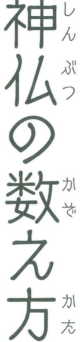

神《かみ》さま、仏《ほとけ》さまは…
どのように数えるのでしょうか。

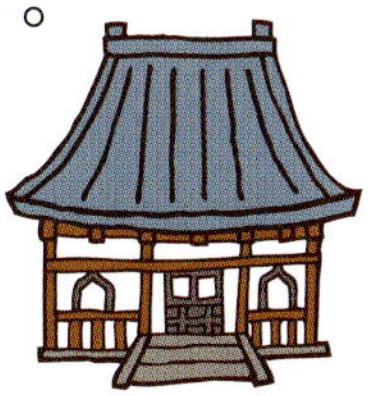

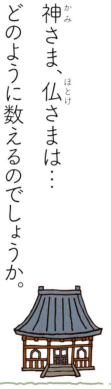

神《かみ》さま

神《かみ》

神そのものは「一《ひと》柱《はしら》」
社《やしろ》・祠《ほこら》は「一《いち》前《ぜん》」
神像《しんぞう》は「一《いっ》軀《く》」「一《いっ》体《たい》」
と数えます。

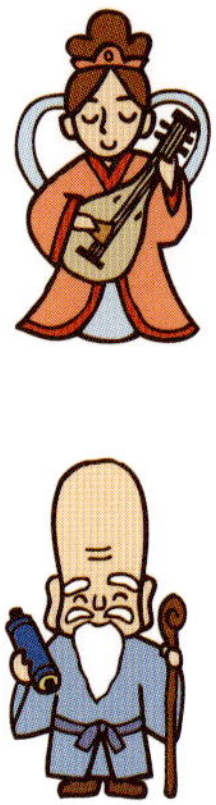

古来《こらい》「柱《はしら》」には日本《にほん》独特《どくとく》の神の概念《がいねん》が宿《やど》り遷宮《せんぐう》などにおいても重要《じゅうよう》な役割《やくわり》を果《は》たしています。

神社《じんじゃ》

祠や社を表《あらわ》す時《とき》は「一《いっ》社《しゃ》」
神仏《しんぶつ》を祀《まつ》る建物《たてもの》は「一《いち》宇《う》」
と数えます。

鳥居《とりい》「一基《いっき》」

神域《しんいき》と俗世間《ぞくせけん》の境目《さかいめ》として結界《けっかい》の入《い》り口《ぐち》にあたる門《もん》のような存在《そんざい》です。神棚《かみだな》や神輿《みこし》と同《おな》じ「基」を使《つか》います。

神棚《かみだな》「一基《いっき》」

狛犬《こまいぬ》「一体《いったい》」

二体《にたい》で「一対《いっつい》」

絵馬《えま》「一枚《いちまい》」「一体《いったい》」

元《もと》は生《い》きた馬《うま》を奉納《ほうのう》していたことから馬の絵《え》を描《えが》くようになりました。「体」とも数えます。神仏を数える

破魔矢《はまや》「一本《いっぽん》」

御守《おまも》り「一体《いったい》」「一個《いっこ》」

御御籤《おみくじ》「一本《いっぽん》」

御札《おふだ》「一枚《いちまい》」「一体《いったい》」

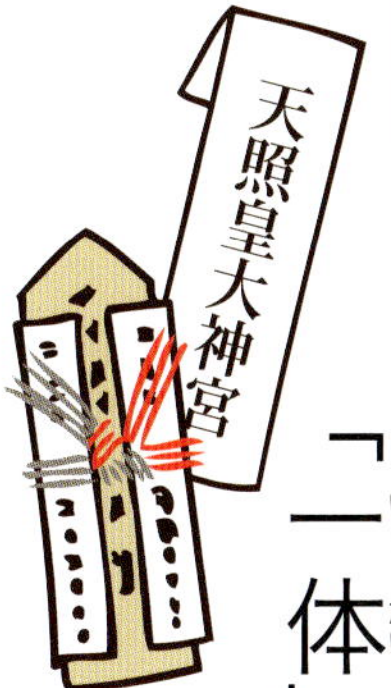

仏《ほとけ》さま

仏《ほとけ》

「一《いっ》尊《そん》」「一《いち》仏《ぶつ》」「一《いっ》体《たい》」

仏は釈迦《しゃか》（仏陀《ぶっだ》）を表《あらわ》し釈迦のように悟《さと》りを開《ひら》いた者《もの》のことも指《さ》します。

寺《てら》

有名《ゆうめい》な寺は「一《いち》寺《じ》」と数えます。

深《ふか》い山《やま》に僧《そう》が開《ひら》いた寺は「一《いち》山《さん》」

建物《たてもの》としては「一《いっ》軒《けん》」

梵鐘《ぼんしょう》

「一《いっ》口《こう》」「一《いっ》本《ぽん》」「一《いっ》個《こ》」「一《いっ》鐘《しょう》」

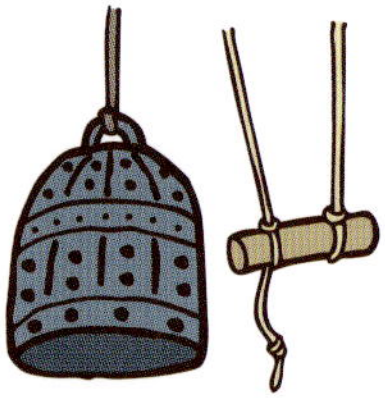

塔《とう》

「一《いっ》基《き》」

重《かさ》なっている屋根《やね》は「一《いち》重《じゅう》」「一《いっ》層《そう》」と数えます。

墓《はか》

「一《いっ》基《き》」

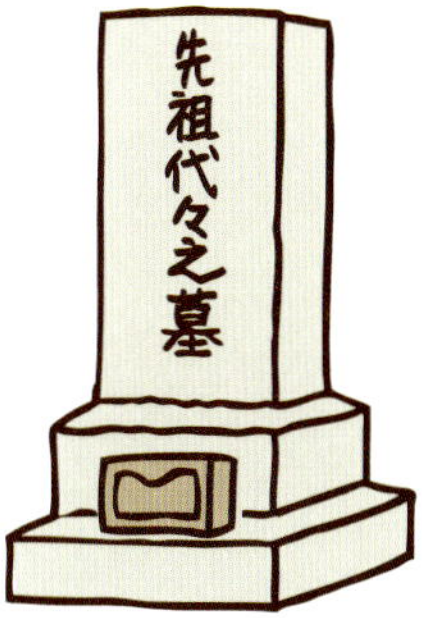

骨壺《こつつぼ》

「一《いっ》口《こう》」

位牌《いはい》

「一《ひと》柱《はしら》」

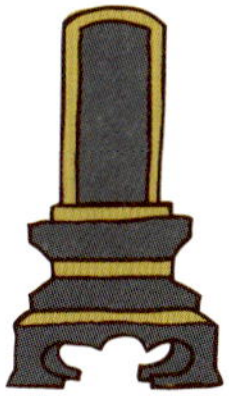

仏壇《ぶつだん》

「一《いっ》基《き》」

数珠《じゅず》

「一《いち》連《れん》」

お布施《ふせ》

「一《いっ》封《ぷう》」

袈裟《けさ》

「一《いち》領《りょう》」

供《そな》え物《もの》

「一《ひと》盛《も》り」

線香《せんこう》

「一《いっ》本《ぽん》」

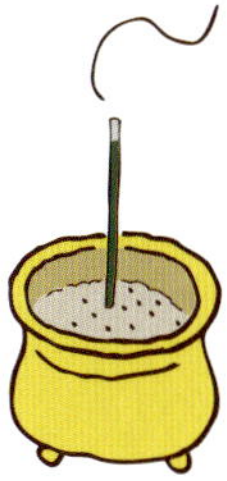

線香一本が燃《も》えつきる時間《じかん》を「一《いっ》炷《しゅ》」と数えます。

香炉《こうろ》

「一《いち》合《ごう》」

木魚《もくぎょ》

「一枚《いちまい》」「一個《いっこ》」「一台《いちだい》」

木魚を「一枚」と数えるのは禅寺《ぜんでら》で食事《しょくじ》の合図《あいず》に打《う》ち鳴《な》らしていた魚形《さかながた》の板《いた》「魚板《ぎょばん》」に由来《ゆらい》します。
魚《さかな》の形《かたち》には昼夜《ちゅうや》を問《と》わず目《め》を閉《と》じない魚の特徴《とくちょう》から寝《ね》る間《ま》も惜《お》しんで修行《しゅぎょう》に精進《しょうじん》しなさいという意味《いみ》が込《こ》められています。

第七章

伝統《でんとう》・文化《ぶんか》の数《かぞ》え方《かた》

雛人形《ひなにんぎょう》は一体《いったい》、お道具《どうぐ》は…
どのように数えるのでしょうか。

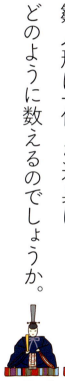

お正《しょう》月《がつ》

注連《しめ》飾《かざ》り

「一《いっ》本《ぽん》」

「一《ひと》飾《かざ》り」

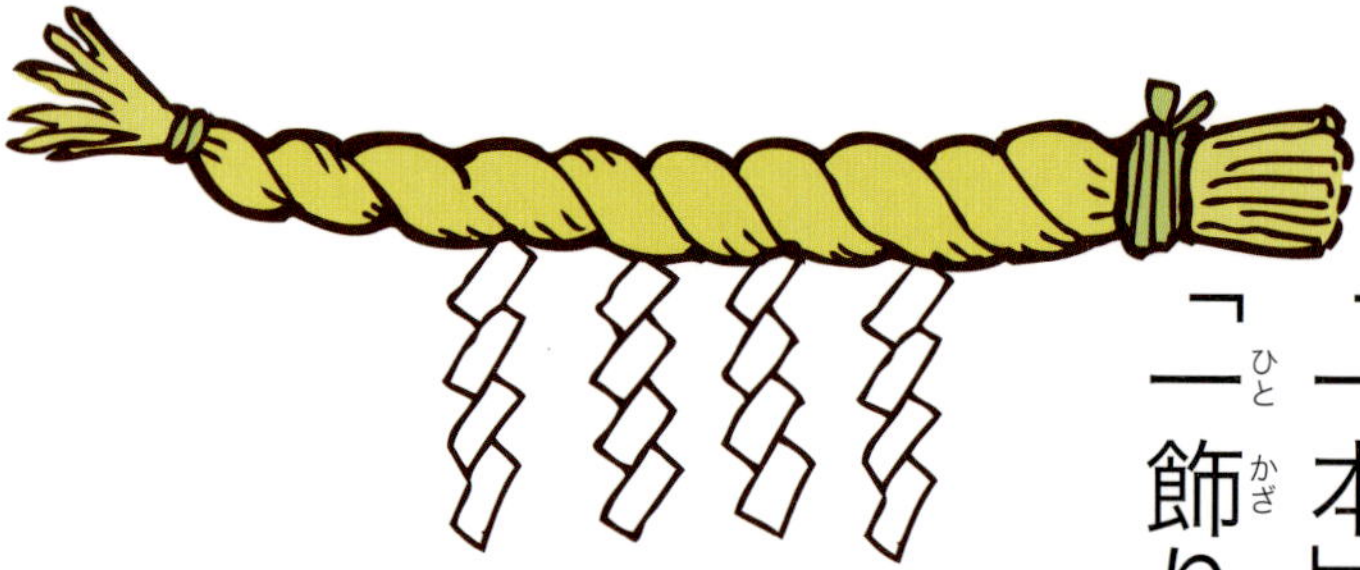

門《かど》松《まつ》

「一《いっ》本《ぽん》」

二《に》本《ほん》で

「一《ひと》門《かど》」「一《いっ》対《つい》」

「一《ひと》揃《そろ》い」

鏡《かがみ》餅《もち》

「一《ひと》据《すわ》り」

「一《ひと》重《かさ》ね」

お年《とし》玉《だま》

「一《いっ》封《ぷう》」

「一《ひと》包《つつ》み」

重箱《じゅうばこ》

「一《ひと》組《くみ》」

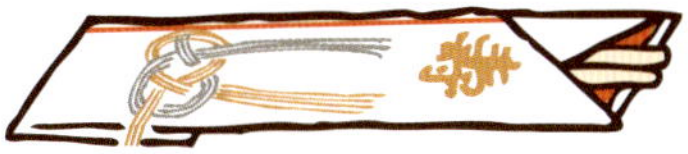

祝《いわ》い箸《ばし》

「一《いち》膳《ぜん》」

熨《の》斗《し》紙《がみ》

「一《いち》枚《まい》」

御《お》節《せち》料《りょう》理《り》

一《いち》の重《じゅう》「祝《いわ》い肴《ざかな》」

二《に》の重《じゅう》「焼《や》きもの」

三《さん》の重《じゅう》「煮《に》もの」

ひとくちメモ

御節料理《おせちりょうり》は地域《ちいき》や家庭《かてい》によって内容《ないよう》は様々《さまざま》です。

昔《むかし》ながらの遊《あそ》び

羽子板《はごいた》

「一枚《いちまい》」

羽根《はね》

「一本《いっぽん》」

双六《すごろく》

勝負《しょうぶ》を数える場合《ばあい》は

「一調《いっちょう》」「一局《いっきょく》」

「調《ちょう》」には組織《そしき》や物品《ぶっぴん》を動《うご》かして「調整《ちょうせい》」「調達《ちょうたつ》」するという意味《いみ》があります。ここからサイコロをふって出《で》た目数《めかず》だけ駒《こま》を進《すす》めて遊ぶ双六に使《つか》われるようになりました。

賽子《さいころ》

「一個《いっこ》」

ころがして出る数《かず》の表示《ひょうじ》は「目《め》」と数えます。

独楽《こま》

「一個《いっこ》」

ビー玉《だま》

「一個《いっこ》」

「一玉《ひとたま》」

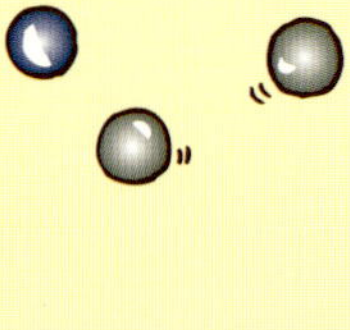

凧《たこ》「一《いち》枚《まい》」

竹馬《たけうま》
二《に》本《ほん》で「一《いっ》対《つい》」

剣玉《けんだま》「一《いっ》本《ぽん》」

面子《めんこ》「一《いち》枚《まい》」

カルタ
札《ふだ》は「一《いち》枚《まい》」
セットにまとまると「一《ひと》組《くみ》」になります。

桃《もも》の節《せっ》句《く》

雛《ひな》飾《かざ》り

全体《ぜんたい》で「一飾《ひとかざ》り」と数えます。

雛《ひな》壇《だん》

「雛人形《ひなにんぎょう》七《なな》段《だん》飾《かざ》り」のように「一《いち》段《だん》」と数えます。

雛人形《ひなにんぎょう》

「一体《いったい》」
男雛《おびな》と女雛《めびな》で「一組《ひとくみ》」「一対《いっつい》」

雪洞《ぼんぼり》

二本《にほん》で「一対《いっつい》」

内裏様《だいりさま》の並《なら》び方《かた》

「関東流《かんとうりゅう》」男雛が向《む》かって左《ひだり》
「京都流《きょうとりゅう》」男雛が向かって右《みぎ》

お道具《どうぐ》

一式《いっしき》で「一具《いちぐ》」「一揃《ひとそろ》い」

端午《たんご》の節句《せっく》

鯉幟《こいのぼり》

全体《ぜんたい》で「一旒《いちりゅう》」「一本《いっぽん》」

「旒《りゅう》」は風《かぜ》にはためく様子《ようす》の旗《はた》や幟《のぼり》を数えるのに使《つか》います。

吹《ふ》き流《なが》し

「一本《いっぽん》」「一流《ひとなが》れ」

兜《かぶと》

敵方《てきかた》の兜を数える時《とき》に首《くび》を刎《は》ねるという意味《いみ》で「一刎《ひとはね》」を使います。

頭《あたま》にかぶるものを数える時に使うのが「一頭《ひとかしら》」

鎧《よろい》

「一領《いちりょう・ひとくだり》」

「領《りょう・くだり》」はうなじ、首《くび》、襟《えり》を表《あらわ》し装束《しょうぞく》などと同《おな》じ数え方です。

兜飾《かぶとかざ》り一式《いっしき》は「一具《いちぐ》」「一装《ひとよそお》い」

刀《かたな》

「一振《ひとふ》り」「一口《ひとふり》」

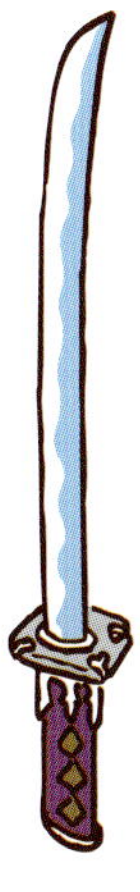

武士《ぶし》が腰《こし》に差《さ》す刀は「一腰《ひとこし》」

弓《ゆみ》

「一挺《いっちょう》」「一本《いっぽん》」「一張《ひとは》り」

矢《や》

「一本《いっぽん》」「一筋《ひとすじ》」「一条《いちじょう》」

篝火《かがりび》

「一基《いっき》」

古来《こらい》の照明具《しょうめいぐ》の一《ひと》つです。このように据《す》え置《お》きされたものには、「基《き》」を使います。

祭《まつ》り

神輿《みこし》「一基《いっき》」

神輿は御神体《ごしんたい》や御霊代《みたましろ》の乗《の》り物《もの》であるため神棚《かみだな》を数《かぞ》える時《とき》と同《おな》じ「基《き》」を使《つか》います。

山車《だし》「一台《いちだい》」

対《たい》して曳山《ひきやま》や屋台《やたい》とも呼《よ》ばれる山車には御神体は乗《の》らないので「台《だい》」と数えます。

手拭《てぬぐ》い「一本《いっぽん》」

首《くび》にかけると「一掛《ひとか》け」

広《ひろ》げると「一枚《いちまい》」になります。

和楽器《わがっき》

太鼓《たいこ》
「一面《いちめん》」「一張《いっちょう》」

撥《ばち》
二本《にほん》で「一組《ひとくみ》」

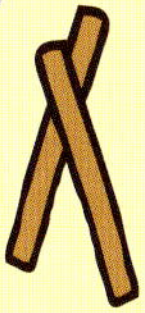

琵琶《びわ》
「一面《いちめん》」

笛《ふえ》
「一本《いっぽん》」「一管《いっかん》」

尺八《しゃくはち》
「一管《いっかん》」「一本《いっぽん》」

琴《こと》
「一張《いっちょう》」「一面《いちめん》」

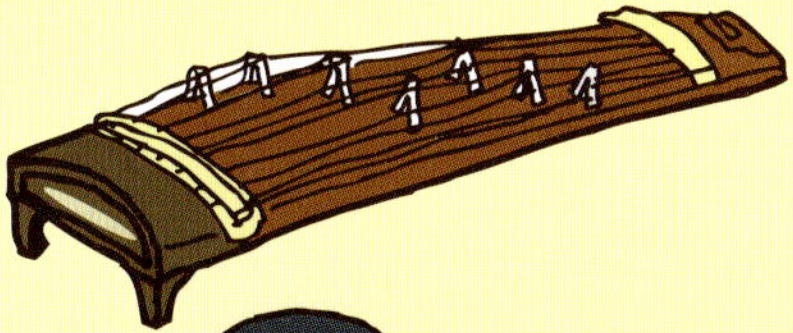

鼓《つづみ》
「一張《いっちょう》」「一挺《いっちょう》」
または「一調《いっちょう》」

三味線《しゃみせん》
「一挺《いっちょう》」「一棹《ひとさお》」

ひとくちメモ

弦《げん》や皮《かわ》を張《は》ったものは「張《ちょう》」、弦を張ったものでもその表面《ひょうめん》で演奏《えんそう》するものは「面《めん》」、手《て》で扱《あつか》えるものは「挺《ちょう》」などと呼《よ》び分《わ》け「調《ちょう》」を使うこともあります。

庶民文化《しょみんぶんか》

舞《まい》「一差《ひとさ》し」

手《て》を差《さ》し出《だ》すような動作《どうさ》から「差《さ》し」と数えるようになったという説《せつ》があります。

扇子《せんす》「一面《いちめん》」「一枚《いちまい》」

閉《と》じると「一本《いっぽん》」と数えます。

役者《やくしゃ》 芸者《げいしゃ》「一枚《いちまい》」「一人《ひとり》」

江戸時代《えどじだい》の芝居小屋《しばいごや》に掲《かか》げられた絵看板《えかんばん》には一枚に一人の役者や芸者が描《えが》かれたことから「一枚」と数えられるようになったようです。

絵看板は右《みぎ》から順《じゅん》に、一枚目《いちまいめ》は主役《しゅやく》、二枚目《にまいめ》は花形役者《はながたやくしゃ》の色男《いろおとこ》、三枚目《さんまいめ》は滑稽《こっけい》な道化役《どうけやく》、という慣習《かんしゅう》がありました。

ひとくちメモ

ここに「二枚目、三枚目」という呼《よ》び方の由来《ゆらい》があります。

落語《らくご》

演目《えんもく》は「一題《いちだい》」
「本日《ほんじつ》のお題《だい》は・・」のように
使《つか》います。

宴会《えんかい》や会合《かいごう》の場《ば》は
「一席《いっせき》」

講談《こうだん》

講談や音曲《おんきょく》、遊芸《ゆうげい》の
演目は「一本《いっぽん》」
その段落《だんらく》を
数える時《とき》には
「一齣《ひとくさり》」

舞台《ぶたい》

幕《まく》が上《あ》がってから下《さ》がる
までの間《あいだ》が
「一幕《いちまく》」

幕《まく》

「一枚《いちまい》」
左右《さゆう》二枚《にまい》で
「一帖《いっちょう》」
と数えます。

幕が下《お》りている間が「幕《まく》の内《うち》」
「幕間《まくあい》」と呼ばれました。
観客《かんきゃく》が幕の内にとった食事《しょくじ》が
幕《まく》の内弁当《うちべんとう》になりました。

将棋《しょうぎ》

勝負《しょうぶ》「一局《いっきょく》」「一番《いちばん》」「一戦《いっせん》」

指《さ》し手《て》「一手《いって》」

将棋《しょうぎ》の駒《こま》「一枚《いちまい》」

将棋盤《しょうぎばん》「一面《いちめん》」

盤《ばん》、駒《こま》、駒台《こまだい》など全部合《ぜんぶあ》わせて「一組《ひとくみ》」と数えます。

囲碁《いご》

勝負《しょうぶ》「一局《いっきょく》」「一番《いちばん》」「一戦《いっせん》」

打《う》ち手《て》「一目《いちもく》」「一手《いって》」

碁石《ごいし》「一子《いっし》」「一個《いっこ》」「一石《いっせき》」

碁盤《ごばん》「一面《いちめん》」「一枚《いちまい》」

ひとくちメモ

「一目置《いちもくお》く」とは実力《じつりょく》で劣《おと》る側《がわ》がハンディとして碁石を一《ひと》つあるいはいくつか先《さき》に置《お》くことから相手《あいて》に敬意《けいい》を表《あらわ》す意味《いみ》となりました。

柔《じゅう》道《どう》

勝《しょう》負《ぶ》「一《いっ》戦《せん》」

「戦」は勝敗《しょうはい》をはっきりさせる争《あらそ》いを指《さ》します。

技《わざ》「一《いっ》本《ぽん》」

主《おも》に格闘《かくとう》技《ぎ》で技が決《き》まったり勝負がついたりした時《とき》に「一《いっ》本《ぽん》勝《が》ち」などと表現《ひょうげん》します。

ひとくちメモ

心《しん》（精神《せいしん》）・技《ぎ》（技術《ぎじゅつ》）・体《たい》（体力《たいりょく》）が一本になって技《わざ》が決まるという意味があります。

相撲《すもう》

日本《にほん》の文化《ぶんか》が凝縮《ぎょうしゅく》された
相撲の色々《いろいろ》な数え方

相撲《すもう》の開催《かいさい》「場所《ばしょ》」

本場所《ほんばしょ》は年《ねん》に六場所《ろくばしょ》です。

土俵《どひょう》「一面《いちめん》」

土《つち》を詰《つ》めた俵《たわら》を埋《う》めて囲《かこ》ってあるためもともと土俵場《どひょうじょう》と呼《よ》ばれたものが短《みじ》かくなりこのように呼ばれるようになりました。

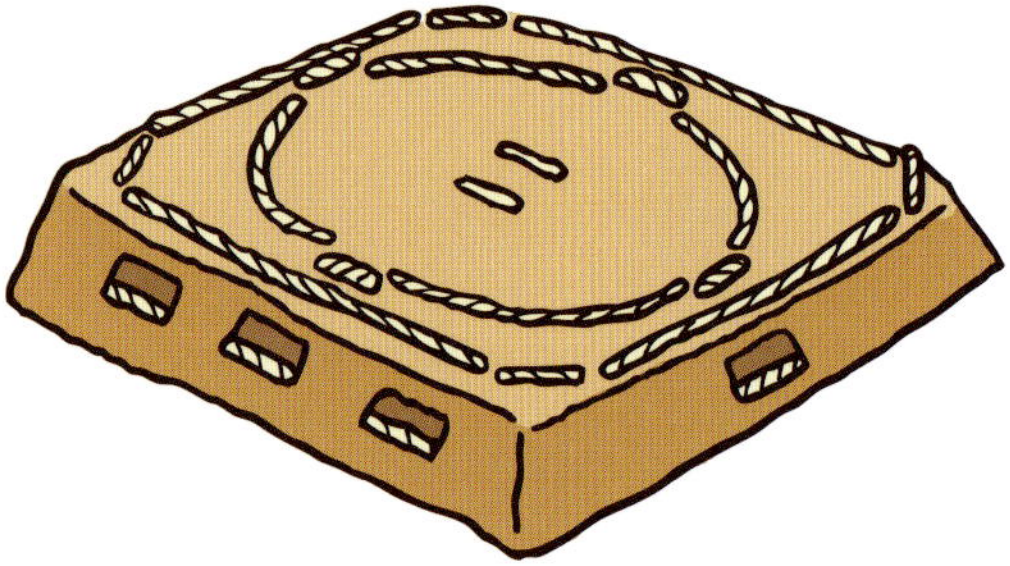

取組《とりくみ》「一番《いちばん》」「二番《にばん》」

技《わざ》「一手《いって》」

「得意《とくい》な一手は突《つ》っ張《ぱ》り」のように使《つか》います。

軍配《ぐんばい》「一本《いっぽん》」「一枚《いちまい》」

懸《けん》賞《しょう》

「一本《いっぽん》」と数えます。

懸賞金《けんしょうきん》を受《う》け取《と》る作法《さほう》は、手刀《てがたな》を切《き》る、といいます。軍配《ぐんばい》に向《む》かって手刀を左《ひだり》、右《みぎ》、中《なか》の順《じゅん》に五穀《ごこく》の守《まも》り三神《さんしん》に感謝《かんしゃ》の意《い》を表《あらわ》して三度《さんど》切ります。

化《け》粧《しょう》回《まわ》し

「一本《いっぽん》」「一枚《いちまい》」「一腰《ひとこし》」

横《よこ》綱《づな》土《ど》俵《ひょう》入《い》りで横綱、露《つゆ》払《はら》い、太《た》刀《ち》持《も》ちの三力士《りきし》が揃《そろ》いで締《し》める化粧回しを「三《みつ》揃《ぞろ》え」といいます。

番《ばん》付《づけ》

「一枚《いちまい》」

力士《りきし》の地位《ちい》は「一枚《いちまい》」「二枚《にまい》」と数えます。十両《じゅうりょう》や前頭《まえがしら》の一番上《うえ》は「一枚目《いちまいめ》」ではなく筆頭《ひっとう》といいます。

色々《いろいろ》な文化《ぶんか》

短歌《たんか》「一首《いっしゅ》」

「百人一首《ひゃくにんいっしゅ》」に代表《だいひょう》される
五七五七七《ごしちごしちしち》の三十一音《さんじゅういちおん》で詠《よ》む
和歌《わか》の一様式《いちようしき》。

俳句《はいく》「一句《いっく》」

五七五《ごしちご》の十七音《じゅうしちおん》で
季語《きご》を入《い》れて詠みます。

川柳《せんりゅう》「一句《いっく》」

五七五の十七音の短詩《たんし》。
季語はなく風刺《ふうし》や滑稽《こっけい》が特色《とくしょく》です。

物語《ものがたり》

始《はじ》まりから
終《お》わりまでで
「一話《いちわ》」

詩歌《しいか》「一編《いっぺん》」

完結《かんけつ》した文書《ぶんしょ》は
「一作《いっさく》」

随筆《ずいひつ》・エッセイ「一編《いっぺん》」

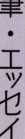

論文《ろんぶん》

個人《こじん》やグループの業績《ぎょうせき》として数える場合《ばあい》は

「一本《いっぽん》」「一編《いっぺん》」

報告論文《ほうこくろんぶん》は

「一報《いっぽう》」

学位論文《がくいろんぶん》を数えるときは

「一《ひと》つ」「一編《いっぺん》」

と数えます。

授業《じゅぎょう》

「一時限《いちじげん》」「一時間《いちじかん》」

主《おも》に大学《だいがく》・短大《たんだい》の授業は

「一齣《ひとこま》」「一コマ」

「齣《こま》」とは並《なら》んだものの区切《くぎ》りを数えるときに使《つか》う言葉《ことば》です。四《よん》コマ漫画《まんが》、コマ割《わ》りなどにも使います。

縁《えん》談《だん》

「一《いっ》件《けん》」

まとまると「一《ひと》組《くみ》」と数えます。

第八章

身体《からだ》の数《かぞ》え方《かた》

人間《にんげん》の頭《あたま》は、目《め》は、手《て》は…
どのように数えるのでしょうか。

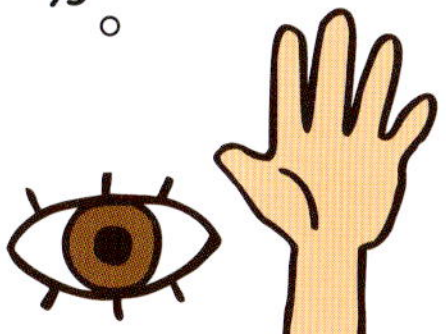

身体《からだ》

人間《にんげん》

生《い》きている時《とき》は「一人《ひとり》」

死《し》ぬと「一体《いったい》」

目《め》

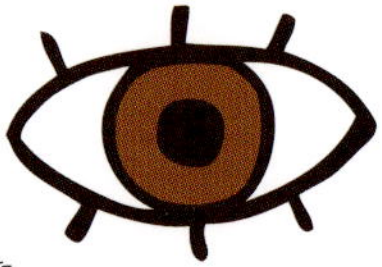

「一《ひと》つ」

左右《さゆう》で「一対《いっつい》」

目《め》にたとえた（台風《たいふう》の目《め》など）場合《ばあい》は「一個《いっこ》」

鼻《はな》

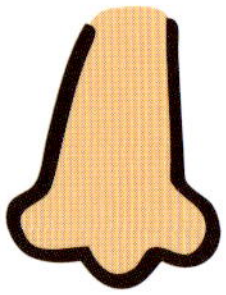

「一《ひと》つ」「一個《いっこ》」

耳《みみ》

「一《ひと》つ」

指《ゆび》

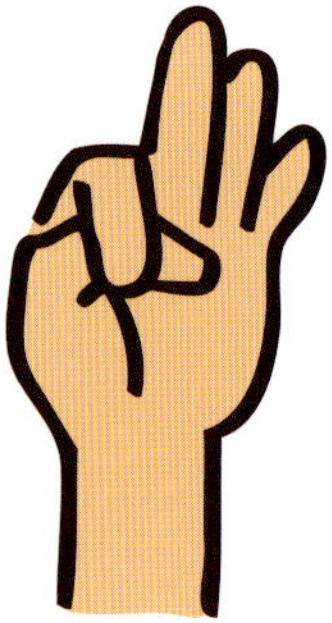

「一本《いっぽん》」「一指《いっし》」

爪《つめ》

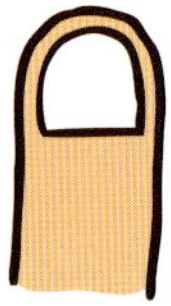

「一枚《いちまい》」

マニキュアを施《ほどこ》した場合やつけ爪《づめ》は「一本《いっぽん》」

頭《あたま》

「一個《いっこ》」「一《ひと》つ」

首《くび》

「一本《いっぽん》」

戦《いくさ》でとった敵《てき》の首《くび》は「一級《いっきゅう》」

ひとくちメモ

「一級《いっきゅう》」の由来《ゆらい》は古代中国《こだいちゅうごく》、清《しん》の時代《じだい》に戦《たたか》って殺《ころ》した敵《てき》の首《くび》によって位階《いかい》が一階級《いちかいきゅう》上《あ》がったからです。

手《て》

「一《いっ》本《ぽん》」

女手《おんなで》、男手《おとこで》、人手《ひとで》が必要《ひつよう》といったように「手」を働《はたら》き手《て》、労働力《ろうどうりょく》としても数えます。

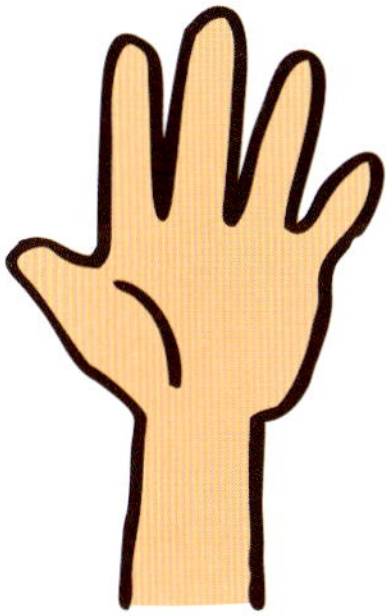

足《あし》

「一《いっ》本《ぽん》」

「一《いっ》脚《きゃく》」

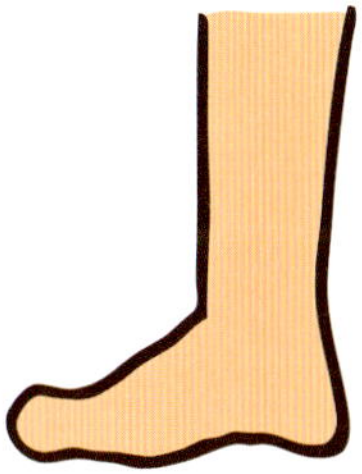

「二《に》人《にん》三脚《さんきゃく》」は二人並《なら》んでとなり合《あ》った足を結《むす》んで三本足《さんぼんあし》のようにして走《はし》る競技《きょうぎ》です。

歯《は》

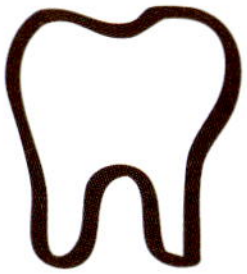

「一《いっ》本《ぽん》」

前歯《まえば》は

「一《いち》枚《まい》」

虫歯《むしば》など欠損《けっそん》した歯は

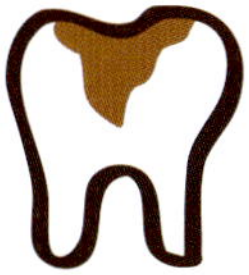

「一《いっ》歯《し》」

総《そう》入《いれ》歯《ば》

上下《じょうげ》二《に》枚《まい》で

「一《ひと》組《くみ》」

髪《かみ》

まとめた髪から
こぼれたものは
「一《ひと》筋《すじ》」

抜《ぬ》け落《お》ちたものは
「一《いっ》本《ぽん》」

第九章

身《み》につける物《もの》の数《かぞ》え方《かた》

和服《わふく》、洋服《ようふく》、靴下《くつした》は…
どのように数えるのでしょうか。

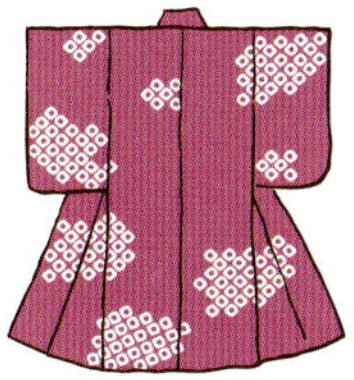

和服《わふく》

着物《きもの》「一領《いちりょう》」

「領《りょう》」は首《くび》・うなじを表《あらわ》すことから首にふれる襟《えり》を示《しめ》し着物を数える時《とき》に使《つか》いました。

現在《げんざい》は「一枚《いちまい》」「一着《いっちゃく》」とも数えます。

袴《はかま》「一腰《ひとこし》」

腰《こし》のところで紐《ひも》を結《むす》んで穿《は》く衣類《いるい》の数え方です。今《いま》では「一枚《いちまい》」も一般的《いっぱんてき》です。

帯《おび》「一筋《ひとすじ》」「一条《いちじょう》」

細長《ほそなが》いものを数える時に使います。

通常《つうじょう》は「一本《いっぽん》」「一枚《いちまい》」と数えます。

足袋《たび》

左右《さゆう》で「一両《いちりょう》」

「両《りょう》」は左右両方《りょうほう》につける装束《しょうぞく》として数える言葉《ことば》です。

下駄《げた》、草履《ぞうり》と違《ちが》い足袋は装束（平安時代《へいあんじだい》以降《いこう》公事《くじ》に着用《ちゃくよう》された正服《せいふく》）として使われていました。

下駄《げた》

左右で「一足《いっそく》」

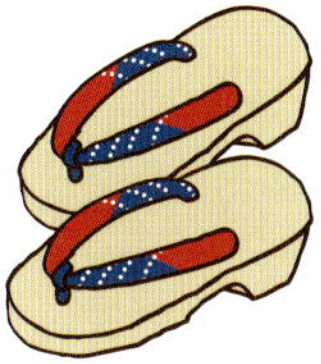

草履《ぞうり》

左右で「一足《いっそく》」

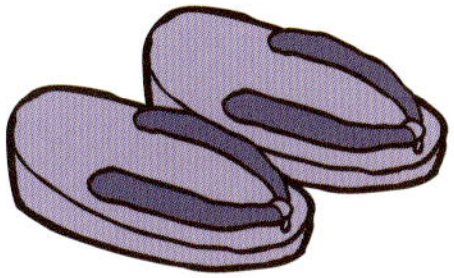

反物《たんもの》

「一反《いったん》」

大人《おとな》の着物一枚分《ぶん》の織物《おりもの》です。

大人の着物二《に》枚《まい》分の織物で「一匹《いっぴき》」

「一匹《いっぴき》」は布《ぬの》の長《なが》さの単位《たんい》で二反《にたん》を指《さ》します。

一匹で着物と対《つい》の羽織《はおり》を仕立《した》てられる分《ぶん》の織物です。

「匹《ひき》」は二《ふた》つのものが対になっていることを表し「匹敵《ひってき》」とは二つのものが対等《たいとう》であることを意味《いみ》します。

簪《かんざし》

「一本《いっぽん》」と数えます。

洋服《ようふく》

ドレス・スーツ

「一《いっ》着《ちゃく》」

「一《いち》枚《まい》」

背広《せびろ》

「一《いっ》着《ちゃく》」

ズボン

「一《いっ》本《ぽん》」

「一《いち》枚《まい》」

ワイシャツ

「一《いち》枚《まい》」

ブラウス

「一《いち》枚《まい》」

スカート

「一《いち》枚《まい》」

マフラー

「一《いち》枚《まい》」

「一《いっ》本《ぽん》」

スカーフ

「一《いち》枚《まい》」

指輪《ゆびわ》「一個《いっこ》」「一点《いってん》」

腕輪《うでわ》「一本《いっぽん》」「一個《いっこ》」

イヤリング
左右《さゆう》で「一組《ひとくみ》」「一対《いっつい》」

ネックレス「一本《いっぽん》」「一点《いってん》」

ビキニ水着《みずぎ》
上下《じょうげ》で「一着《いっちゃく》」

カフスボタン
左右で「一対《いっつい》」「一組《ひとくみ》」

手袋《てぶくろ》
左右で「一双《いっそう》」

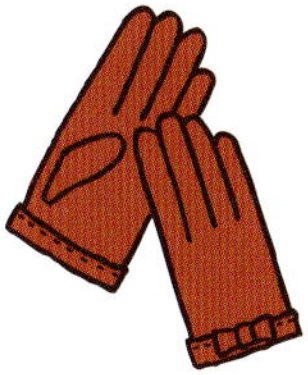

靴下《くつした》
左右で「一足《いっそく》」

靴《くつ》
左右で「一足《いっそく》」

帽子《ぼうし》
折《お》りたためないものは「一個《いっこ》」
折りたためるものは「一枚《いちまい》」と数えます。

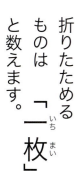

眼鏡《めがね》

「一本《いっぽん》」と数えます。

ひとくちメモ

身《み》につけるものを商品《しょうひん》や所有品《しょゆうひん》として数える時《とき》には一般的《いっぱんてき》に「一点《いってん》、二点《にてん》」となります。

第十章

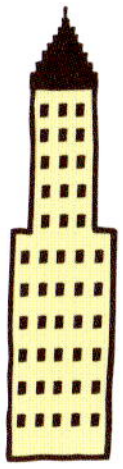

建物《たてもの》の数《かぞ》え方《かた》

ビルや交番《こうばん》、色々《いろいろ》な建物《たてもの》は…
どのように数えるのでしょうか。

建《たて》物《もの》

ビル

高《こう》層《そう》ビルは「一《いっ》本《ぽん》」

小《しょう》規《き》模《ぼ》ビルは「一《いっ》軒《けん》」

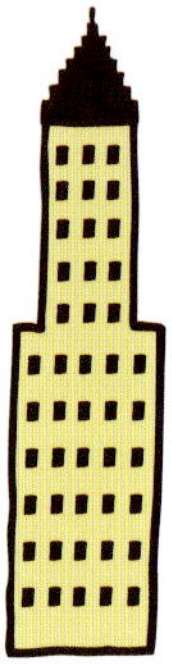

デパート

「一《いっ》軒《けん》」「一《いっ》店《てん》」「一《いち》店《てん》舗《ぽ》」

銀《ぎん》行《こう》

「一《いっ》行《こう》」

ホテル

宿《しゅく》泊《はく》施《し》設《せつ》としては「一《いっ》軒《けん》」

建物としては「一《いっ》棟《とう》」

交《こう》番《ばん》

「一《いっ》箇《か》所《しょ》」

警《けい》察《さつ》署《しょ》

「一《いっ》箇《か》所《しょ》」

消《しょう》防《ぼう》署《しょ》

「一《いっ》箇《か》所《しょ》」

郵《ゆう》便《びん》局《きょく》

「一《いっ》箇《か》所《しょ》」「一《いっ》軒《けん》」「一《いっ》局《きょく》」

病《びょう》院《いん》

「一《いち》院《いん》」「一《いっ》軒《けん》」

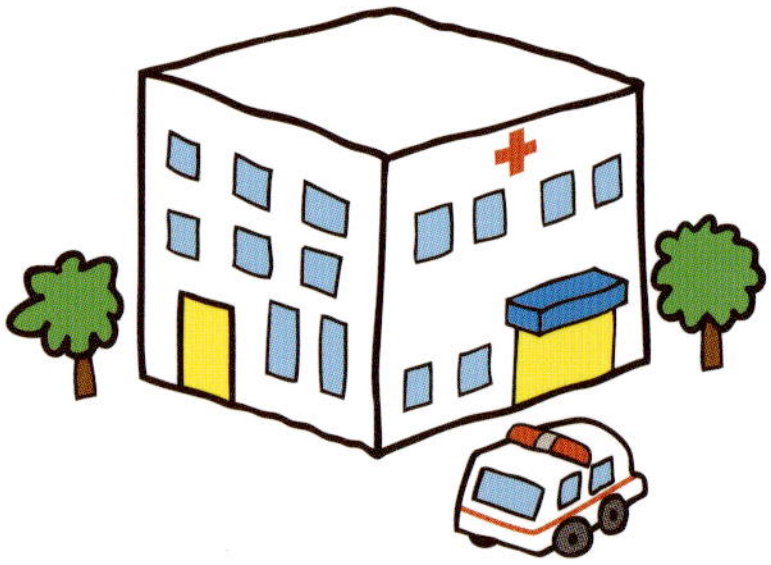

学校《がっこう》

「一校《いっこう》」

幼稚園《ようちえん》
保育園《ほいくえん》

「一校《いっこう》」
「一園《いちえん》」

「校《こう》」として数えることが基本《きほん》ですが学校との区別《くべつ》のために「園《えん》」と数えることもあります。

博物館《はくぶつかん》

「一館《いっかん》」「一軒《いっけん》」

「休館日《きゅうかんび》は月曜日《げつようび》です」のように「館《かん》」を使《つか》うことが一般的《いっぱんてき》です。

原子炉《げんしろ》

「一基《いっき》」

塔《とう》

「一基《いっき》」「一本《いっぽん》」

集合住宅《しゅうごうじゅうたく》

「一棟《いっとう・ひとむね》」

家《いえ》

「一軒《いっけん》」

犬小屋《いぬごや》

「一棟《いっとう》」

犬を家族《かぞく》の一員《いちいん》とみなして「一軒《いっけん》」とも数えます。

チャペル

「一堂《いちどう》」

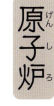

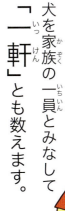

蔵《くら》 「一《いっ》戸《と》前《まえ》」「一《いっ》棟《とう》」

「戸前《とまえ》」は蔵《くら》の入口《いりぐち》の戸《と》(両側《りょうがわ》に開《ひら》く扉《とびら》のこと)に由来《ゆらい》します。大事《だいじ》なものを火事《かじ》や泥棒《どろぼう》から守《まも》っている扉《とびら》は蔵の命《いのち》という事《こと》でしょうか。

城《しろ》 「一《いち》城《じょう》」と数えます。

「一《いっ》国《こく》一城《いちじょう》の主《あるじ》」のように使《つか》います。

第十一章

乗《の》り物《もの》の数《かぞ》え方《かた》

電車《でんしゃ》やバス、色々《いろいろ》な乗《の》り物《もの》は……
どのように数えるのでしょうか。

乗《の》り物《もの》

陸《りく》か空《そら》か海《うみ》か
走《はし》るところで変《か》わる
乗り物の数え方

電車《でんしゃ》

「一台《いちだい》」

車両《しゃりょう》は「一両《いちりょう》」

運行数《うんこうすう》は「一本《いっぽん》」

「満員《まんいん》だから一本あとのに乗《の》ろう！」などといいます。

自動車《じどうしゃ》

「一台《いちだい》」

バス

「一台《いちだい》」

運行数は「一便《いちびん》」

オートバイ

「一台《いちだい》」

自転車《じてんしゃ》

「一台《いちだい》」

馬車《ばしゃ》

「一台《いちだい》」

人力車《じんりきしゃ》

「一台《いちだい》」
「一挺《いっちょう》」

ひとくちメモ

陸の上《うえ》を走るものは「台《だい》」レールの上を走ると「両《りょう》」と数えます。

ケーブルカー

「一《いち》台《だい》」

モノレール

路《ろ》線《せん》は「一《いっ》本《ぽん》」
車両は「一《いち》両《りょう》」

飛《ひ》行《こう》機《き》

飛行機一《いっ》般《ぱん》は「一《いっ》機《き》」
乗り物としては「一《いち》台《だい》」
運行数は「一《いち》便《びん》」
と数えます。

船《ふね》

大《おお》型《がた》の船は「一《いっ》隻《せき》」

ボート

小《こ》型《がた》の船は「一《いっ》艘《そう》」

ヨット

「一《いっ》隻《せき》」「一《いっ》艇《てい》」

筏《いかだ》

「一《ひと》床《とこ》」
「一《いち》枚《まい》」

気《き》球《きゅう》

乗《の》り物《もの》の一《いっ》種《しゅ》としては「一《いち》台《だい》」
飛《ひ》行《こう》するものとしては「一《いっ》機《き》」
と数えます。

第十二章

行《おこな》いの数《かぞ》え方《かた》

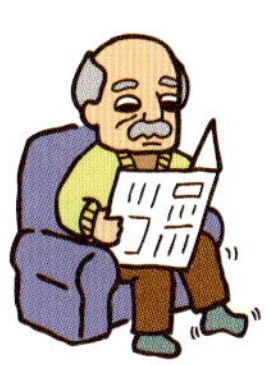

挨拶《あいさつ》は一言《ひとこと》、癖《くせ》は…
どのように数えるのでしょうか。

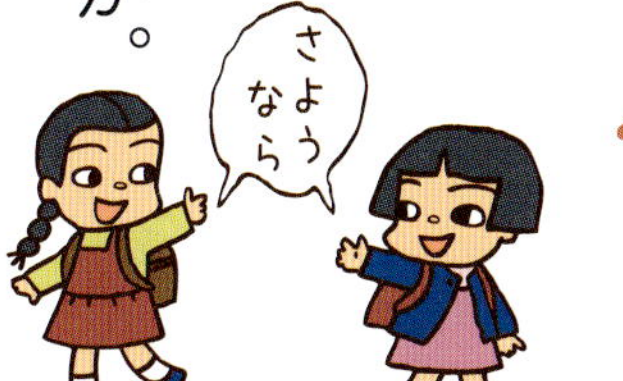

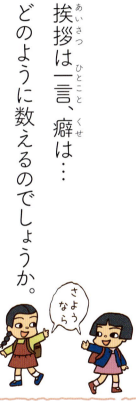

コラム 経験《けいけん》

「一回《いっかい》」と「一度《いちど》」どちらも経験を表《あらわ》す数え方ですがどんな違《ちが》いがあるのでしょうか？

「一回」の意味《いみ》は？

「一回」の「回《かい》」にはまためぐる、繰《く》り返《かえ》すであろう行為《こうい》という意味があります。

「三《さん》回《かい》目《め》のイタリア旅行《りょこう》」
「第《だい》五《ご》十《じっ》回《かい》全《ぜん》国《こく》高《こう》校《こう》野《や》球《きゅう》選《せん》手《しゅ》権《けん》大《たい》会《かい》」

などと使《つか》います。

「二度」の意味は？

一方《いっぽう》「二度」の「度《ど》」は次《つぎ》にいつ起《お》こるか分《わ》からず繰り返すことが当《あ》たり前《まえ》ではないという意味があります。

仏《ほとけ》の顔《かお》も三度《さんど》まで
三度目《さんどめ》の正直《しょうじき》
二度《にど》あることは三度ある

などと使います。

失恋《しつれん》や結婚《けっこん》、離婚《りこん》は？

「あんな失恋《しつれん》は二度《にど》としたくない」
「二度目《にどめ》の結婚《けっこん》で幸《しあわ》せをつかんだ」
「あの女優《じょゆう》は三度の離婚《りこん》を経験して・・・」

このように「度」で数えるようです。
「度」で数えると繰り返したくないという思《おも》いが込《こ》められるようです。

行《おこな》い

挨拶《あいさつ》

「一言《ひとこと》」

投書《とうしょ》

「一件《いっけん》」「一本《いっぽん》」「一通《いっつう》」

意見《いけん》

「一言《ひとこと》」

応募《おうぼ》

「一口《ひとくち》」

工夫《くふう》

「一点《いってん》」
「一《ひと》つ」

ひと工夫でこの通りね

癖《くせ》

「一《ひと》つ」「一《ひと》癖《くせ》」

「あの人《ひと》は一《ひと》癖《くせ》も二《ふた》癖《くせ》もある」などと使《つか》います。

声《こえ》

「一《ひと》声《こえ》」

お姉さん一匹百円にしとくよ！

もう一声！

アイディア

「一案《いちあん》」

会見《かいけん》

「一席《いっせき》」

歳の差三十歳ではありますが・・・

仕事《しごと》

「一口《ひとくち》」

つとめ口《ぐち》が決《き》まった！
採用

よくしてもらっていやす
あたらしいお店《たな》はどうだい？
大福帳

江戸時代《えどじだい》には奉公人《ほうこうにん》の雇用《こよう》などを仲介《ちゅうかい》する「口入屋《くちいれや》」という業者《ぎょうしゃ》がありました。今《いま》の人材派遣会社《じんざいはけんがいしゃ》です。

第十三章

物《もの》の数《かず》で変《か》わる数《かぞ》え方《かた》

海苔《のり》は一〇枚《じゅうまい》で一帖《いちじょう》、鉛筆《えんぴつ》は…
どのように数えるのでしょうか。

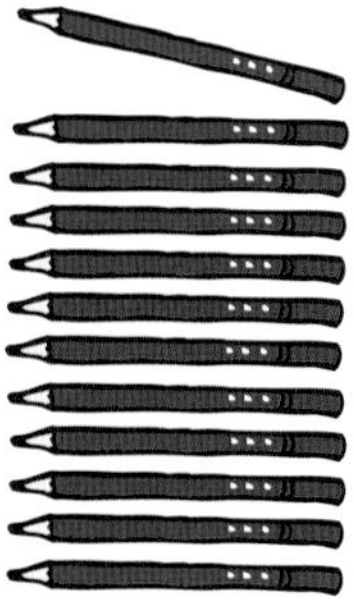

物《もの》の数《かず》で変《か》わる数え方

掛《か》け軸《じく》

「一《いっ》幅《ぷく》」

二《に》幅《ふく》で「一《いっ》対《つい》」

しまう時《とき》は軸《じく》を芯《しん》にして
巻《ま》くことから
「一《いっ》本《ぽん》」「一《いち》軸《じく》」
とも数えます。

屏風《びょうぶ》

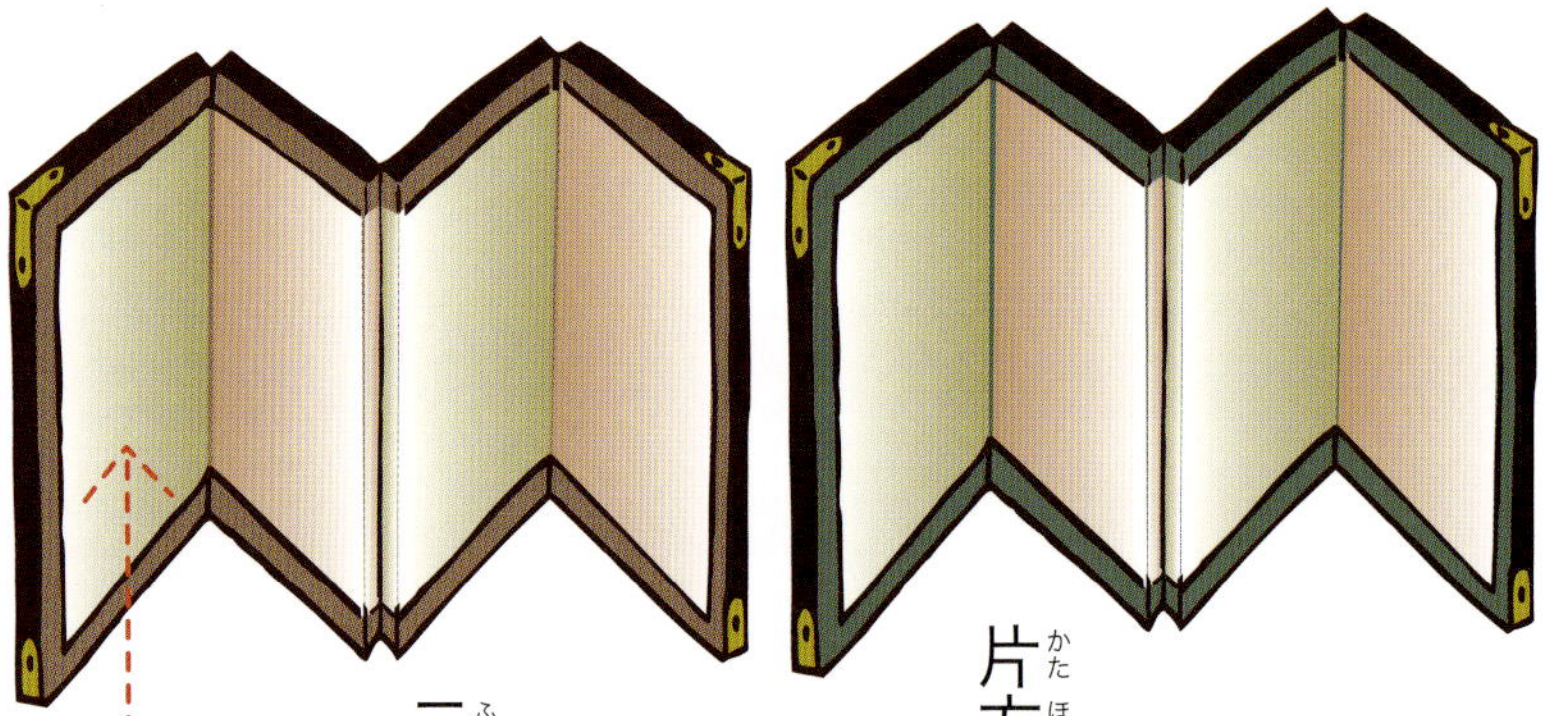

「一《いち》帖《じょう》」

他《ほか》に
「一《いっ》架《か》」「一《いっ》扇《せん》」「一《いっ》局《きょく》」

片方《かたほう》だけなら
「一《いっ》隻《せき》」「半《はん》双《そう》」

二《ふた》つで
「一《いっ》双《そう》」

折《お》りたたんだ一《ひと》つの面《めん》は
「一《いっ》曲《きょく》」

右図《みぎず》は「四曲一双《よんきょくいっそう》」の屏風と
いいます。

海苔《のり》

一〇枚《じゅうまい》で「一帖《いちじょう》」

するめ

一〇枚で「一連《いちれん》」

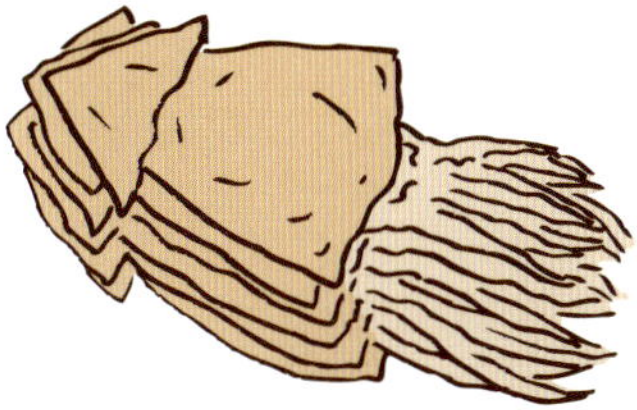

鉛筆《えんぴつ》

一二本《じゅうにほん》で「一《いち》ダース」
六本《ろっぽん》で「半《はん》ダース」

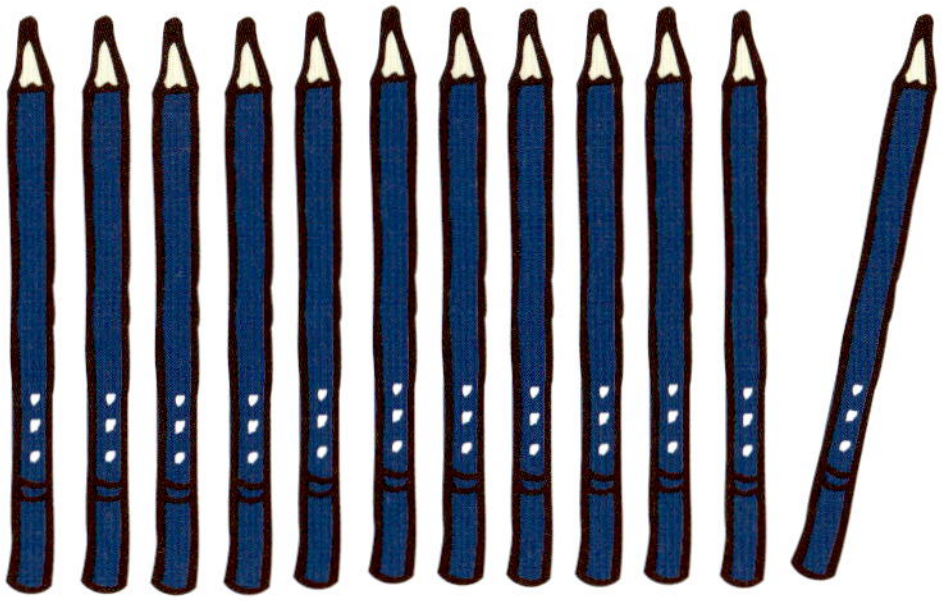

半紙《はんし》

二〇枚《にじゅうまい》で「一帖《いちじょう》」
一〇帖《じゅうじょう》（二百枚《にひゃくまい》）で「一束《いっそく》」

和紙《わし》

百枚《ひゃくまい》で「一締《ひとし》め」

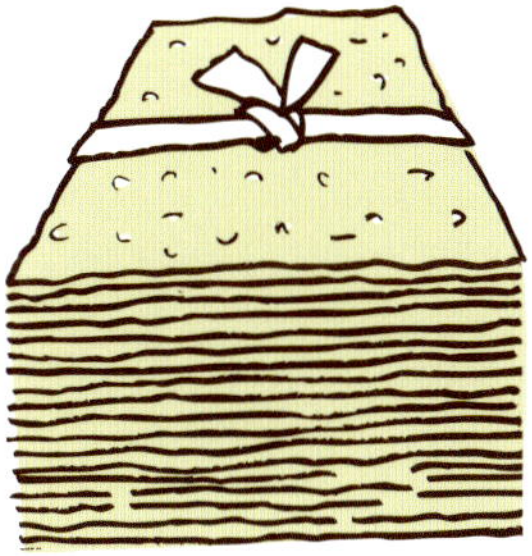

札《さつ》

百枚で「一束《ひとたば》」

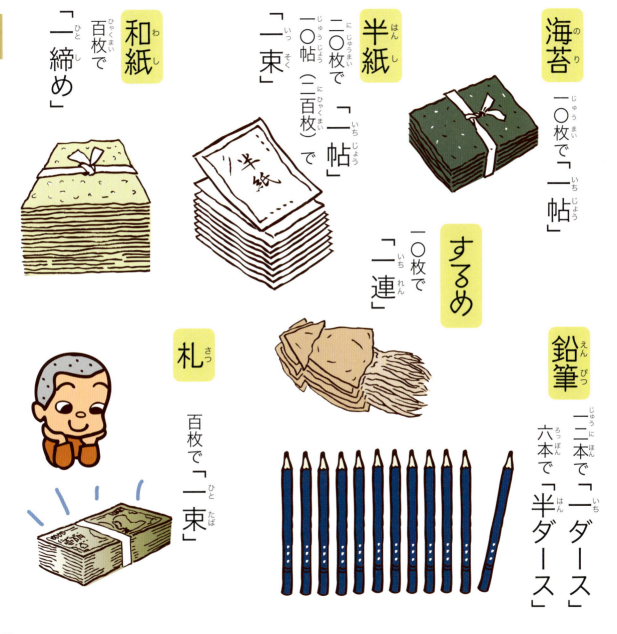

釘《くぎ》

「一《いっ》本《ぽん》」

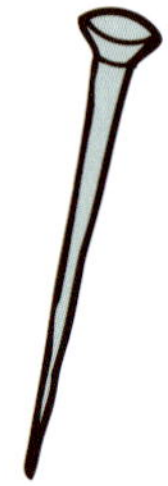

釘六百《ろっぴゃく》グラムで「一《ひと》樽《たる》」

蠟燭《ろうそく》

「一《いっ》本《ぽん》」「一《いっ》個《こ》」

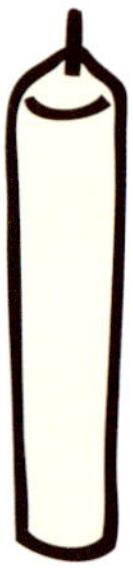

百本《ひゃっぽん》で「一《いっ》束《そく》」

燭台《しょくだい》に立《た》てると「一《いっ》挺《ちょう》」と数えます。

第十四章

番外編《ばんがいへん》

魔法使《まほうつか》いや悪魔《あくま》は一人《ひとり》？一匹《いっぴき》？
今月《こんげつ》は大《だい》の月《つき》？それとも小《しょう》の月？

想《そう》像《ぞう》上《じょう》の生《い》き物《もの》

物語《ものがたり》で人間《にんげん》に近《ちか》い存在《そんざい》として描《えが》かれているかどうかで変《か》わる数え方

魔《ま》法《ほう》使《つか》い
「一《ひと》人《り》」

ケンタウロス
「一《ひと》人《り》」

幽《ゆう》霊《れい》
「一《ひと》人《り》」

天《てん》使《し》
「一《ひと》人《り》」

鬼《おに》
「一《いっ》匹《ぴき》」

悪《あく》魔《ま》
「一《いっ》匹《ぴき》」

河童《かっぱ》

「一《いっ》匹《ぴき》」

人魚《にんぎょ》

「一《ひと》人《り》」

龍《りゅう》

「一《いっ》匹《ぴき》」「一《いっ》頭《とう》」

中国《ちゅうごく》に起源《きげん》をもつ龍は日本《にほん》に伝《つた》わり各地《かくち》で龍神《りゅうじん》となって雨乞《あまご》いの対象《たいしょう》となりました。

妖精《ようせい》

「一《ひと》人《り》」

ペガサス

「一《いっ》頭《とう》」「一《いっ》匹《ぴき》」

ドラゴン

「一《いっ》匹《ぴき》」

ヨーロッパの神話《しんわ》で伝承《でんしょう》されるドラゴンは翼《つばさ》を持《も》ち、姿《すがた》は爬虫類《はちゅうるい》に近《ちか》く口《くち》から火《ひ》を吐《は》きます。

コラム 今月《こんげつ》は大《だい》の月《つき》？小《しょう》の月？

一年《いちねん》十二《じゅうに》ヶ月《かげつ》のうち三十一日《さんじゅういちにち》ある月《つき》と三十日《さんじゅうにち》の月があります。どのように覚《おぼ》えていますか？

覚え方《かた》その一《いち》

自分《じぶん》の手《て》で拳《こぶし》をにぎってみてください。
指《ゆび》の節《ふし》が、山《やま》と谷《たに》のようになっていませんか？
その拳の山と谷で、大の月と小の月がわかるんです。

人差《ひとさ》し指《ゆび》から順番《じゅんばん》に一月《いちがつ》、二月《にがつ》と指《さ》して七月《しちがつ》で折《お》り返《かえ》しですが八月《はちがつ》も同《おな》じ山を指します。

一月
二月
三月 十二月
四月 十一月
五月 十月
六月 九月
七月 → 八月

山《やま》は三十一日 谷《たに》は三十日
（二月は二十八日《にじゅうはちにち》）
但《ただ》し、西暦年号《せいれきねんごう》が四《よん》で割《わ》り切《き》れる閏年《うるうどし》の二月は二十九日《にじゅうくにち》です。

覚え方その二《に》

言葉《ことば》遊《あそ》びを使《つか》った
覚え方も紹介《しょうかい》します。
それは、「西向《にしむ》くサムライ」です。
この言葉《ことば》を読《よ》んでみると、

二（に）四（し）六（む）九（く）

と、ちょうど、小の月である
二月、四月《しがつ》、六月《ろくがつ》、九月《くがつ》に
なっていることに気《き》づきます。

では、最後《さいご》のサムライは
どういうことでしょう。
サムライは漢字《かんじ》で「侍《さむらい》」
と書《か》きますが「士」とも
書けます。

この漢字を分《わ》けると

「十」と「一」

になり、最後の小の月である
十一月《じゅういちがつ》を見《み》つけることが
できます。

またサムライは「二本差《にほんざ》し」
ともいわれ、「11」を連想《れんそう》
させます。

主な参考文献

『広辞苑　第三版』新村出編（岩波書店）
『岩波国語辞典　第三版』西尾実他編（岩波書店）
『角川新字源』小川環樹他編（角川書店）
『常用字解』白川静著（平凡社）
『図解　単位の歴史辞典』小泉袈裟勝編著（柏書房）
『単位の辞典　改訂４版』小泉袈裟勝監修（ラテイス）
『数え方の辞典』飯田朝子著／町田健監修（小学館）
『絵でみるモノの数え方辞典』山川正光著（誠文堂新光社）
『数（すう）の話題事典』上野富美夫編（東京堂出版）
『もののかぞえ方絵事典』村越正則監修（ＰＨＰ研究所）
『世界大百科事典（24巻）』（平凡社）
『日本人なら知っておきたい！　モノの数え方えほん』町田健監修（日本図書センター）
『数え方もひとしお』飯田朝子（小学館）
『数え方でみがく日本語』飯田朝子著（ちくまプリマー新書）
『絵で見る「もの」の数え方』町田健監修（主婦の友社）
『日本の助数詞に親しむ――数える言葉の奥深さ―』飯田朝子著（東邦出版）
『モノの数え方がズバリ！わかる本』博学こだわり倶楽部編（河出書房新社）
『知っているようで知らないものの数えかた』小松睦子＆ことば探偵団（幻冬舎コミックス）
『和の行事絵本』高野紀子著（あすなろ書房）
『そこが知りたい単位の知識』山川正光著（日刊工業新聞社）
『数え方の日本史』三保忠夫著（吉川弘文館）

本書の執筆にあたりまして多くの諸先生方の成果を参考にさせて頂きました。
深く感謝を申し上げます。

さくいん

太ゴシックは見出語を指しています。

あ

挨拶 128
アイディア 129
青虫 16
悪魔 136
朝顔 41
足 109
脚がついているグラス 56
紫陽花（あじさい） 40
頭 108
雨 74
鮑 18

い

家 119
家と家族（コラム） 60〜61
烏賊（いか） 19
筏（いかだ） 123
イクラ 27
池 73
池・湖 73
意見 128
囲碁 100
椅子 50
板チョコレート 37
一戸建て 60
犬 12
犬小屋 119
稲 46
稲・米 46
猪 11
位牌（いはい） 85
イモリ 13
イヤリング 115
海豚（いるか） 17
色々な文化 104〜106
祝い箸 89
印鑑 65
印判 65

う

兎（コラム） 20
牛 11
打ち上げ花火 58
打ち手 100
団扇 55
腕輪 115
ウナギ 24
馬 11
海 70〜71
海の生き物 17〜19

え

エイ 24
液剤 67
枝 43
絵馬 83
縁談 106
鉛筆（文房具） 48
鉛筆（物の数で変わる数え方） 133

お

応募 128
オートバイ 122
桶 53
行い 128〜130
お正月 88〜89
御節料理 89
オットセイ 17
お道具 93
お年玉 88
鬼 136
帯 112
お布施 85
御札 83
御守り 83
御御籤（おみくじ） 83

か

蛾 16
ガーベラ 40
会見 129
蚕 16

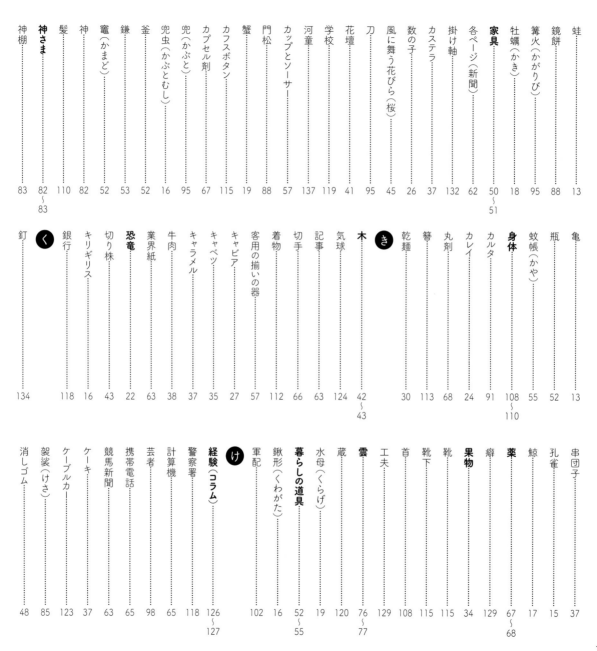

化粧回し …… 103
下駄 …… 113
毛虫 …… 16
懸賞 …… 103
原子炉 …… 119
ケンタウロス …… 136
剣玉 …… 91

こ

戸 …… 61
コアラ …… 10
碁石 …… 100
鯉幟 …… 94
講談 …… 99
交番 …… 118
蝙蝠（こうもり） …… 12
行李 …… 53
香炉 …… 85
声 …… 129
小刀 …… 49
茣蓙（ござ） …… 53
炬燵（こたつ） …… 54
骨格標本 …… 22
骨壺 …… 85
コップ …… 56
琴 …… 97
粉薬 …… 67
碁盤 …… 100
独楽（こま） …… 90
狛犬 …… 83
米 …… 46
ゴリラ …… 10
今月は大の月？小の月？（コラム） …… 138〜139
昆虫 …… 16

さ

賽子（さいころ） …… 90
盃 …… 56
魚 …… 24
魚の卵 …… 26〜27
桜 …… 44〜45
桜の木 …… 44
さくらんぼ …… 34
酒 …… 33
指し手 …… 100
札 …… 133
座布団 …… 53
鮫 …… 17
皿 …… 56
猿 …… 10
笊（ざる） …… 52
産業紙 …… 63
山椒魚（さんしょううお） …… 13
サンマ …… 24

し

詩歌 …… 104
仕事 …… 130
自転車 …… 122
自動車 …… 122
しばざくら …… 40
注連飾り（しめかざり） …… 88
尺八 …… 97
写真 …… 66
三味線 …… 97
集合住宅 …… 119
柔道 …… 101
重箱 …… 89
授業 …… 105
数珠 …… 85
将棋 …… 100
定規（じょうぎ） …… 48
将棋の駒 …… 100
将棋盤 …… 100
錠剤 …… 67
障子 …… 54
勝負（将棋） …… 100
勝負（囲碁） …… 100
勝負（柔道） …… 101
消防署 …… 118
食パン …… 38
食器 …… 56〜57
庶民文化 …… 98〜99
城 …… 120

神社……82
新聞……62〜63
新聞ひとまとまり……62
人力車……122

す

西瓜……34
随筆・エッセイ……104
スカート……114
スカーフ……114
鋤（すき）……53
双六（すごろく）……90
筋子……27
鮨（コラム）……28〜29
硯（すずり）……49
簾（すだれ）……55
スポーツ紙……63
ズボン……114
墨……49
相撲……102〜103
相撲の開催……102
するめ……133

せ

星雲……79
星座……79
世帯……60
背の高い木……42
背広……114

線香……85
線香花火……59
全国紙……63
扇子……98
煎餅……37
川柳……104

そ

象……10
総入歯……109
想像上の生き物……136〜137
草履……113
ソーセージ……38
供え物……85
空豆……35
算盤……64

た

太鼓……97
大根……35
鷹……14
竹……43
竹馬……91
蛸……19
凧……91
山車（だし）……96
駝鳥（だちょう）……15
竜の落とし子……18
建物……118〜120

足袋……113
盥（たらい）……53
鱈子……26
短歌……104
端午の節句……94〜95
箪笥（たんす）……51
たんぽぽ……40
反物……113

ち

小さい錠剤……68
近頃のサラリーマン……65
茶……32
茶会……32
卓袱台（ちゃぶだい）……50
チャペル……119
茶碗……56
チューリップ……40
蝶（コラム）……21
銚子……56
提灯（ちょうちん）……55
鳥類……14〜15
猪口（ちょこ）……56
ちょっと昔のサラリーマン……64

つ

机……50
鼓……97
葛籠（つづら）……51

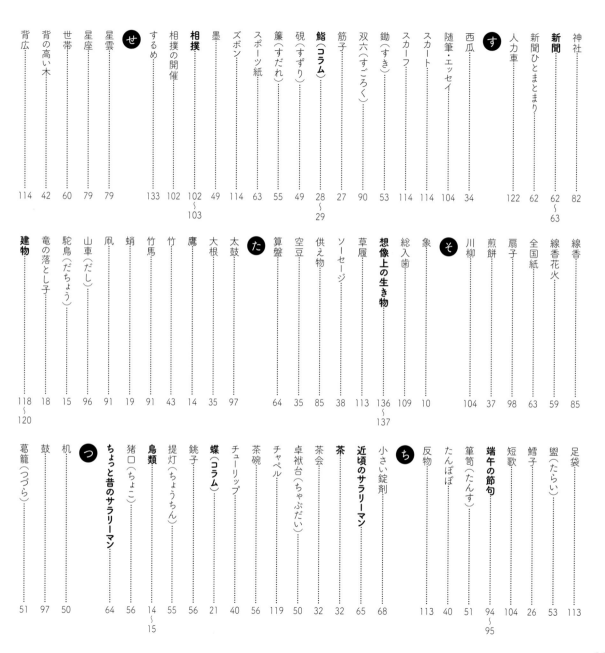

つぼみ(桜) 45
爪 108

て

手 109
低木や茂み 42
手紙・写真 66
手帳 64
手拭い 96
デパート 118
手袋 115
出前 31
寺 84
電気炬燵 54
天使 136
電車 122
天体 78〜79
テント 55
伝票 64
電話 64

と

塔(仏さま) 84
塔(建物) 119
洞窟 71
投書 128
豆腐 36
蜥蜴(とかげ) 13
土俵 102
トマト 35
虎 10
ドラゴン 137
鳥居 83
取組 102
鶏肉 38
ドレス・スーツ 114

な

長火鉢 54
流れ星 78
鍋 52
海鼠(なまこ) 18
生麺 30
波 70

に

肉 38
虹 80
二世帯住宅 61
入道雲 76
人魚 137
人間 108
大蒜(にんにく) 35

ね

ネクタイ 65
猫 12
ねずみ花火 59
ネックレス 115
年輪 43

の

ノート 48
熨斗紙(のしがみ) 89
のし餅 36
海苔 133
乗り物 122〜124
暖簾(のれん) 55

は

葉 43
歯 109
俳句 104
パイナップル 34
墓 85
葉書 66
袴 112
博物館 119
羽子板 90
鋏(はさみ) 49
箸 56
馬車 122
バス 122
パソコン 65
撥 97
爬虫類 13
バッタ 16
花 40〜41

花（桜）……45
鼻……108
花束……41
バナナ……34
花火……58〜59
花びら（桜）……45
羽根……90
破魔矢（はまや）……83
針……49
貼り薬……67
パン……38
半紙……133
番付……103

ひ

ビー玉……90
光……80
抽斗（ひきだし）……51
ビキニ水着……115
飛行機……123
飛行機雲……77
柄杓（ひしゃく）……52
海星（ひとで）……18
雛飾り……92
雛壇……92
雛人形……93
火鉢……54
病院……118
屏風……132
開いた干物……24
ヒラメ……24
ビル……118
昼花火……59
琵琶……97

ふ

封書……66
笛……97
吹き流し……94
梟（ふくろう）……14
襖……54
舞台……99
豚肉……38
蓋のある器……56
仏壇……85
筆……49
筆箱……48
船……123
ブラウス……114
フランスパン……38
風呂敷……53
ブロック紙……63
ブロッコリー……35
噴出花火……59
文房具……48〜49

へ

ペガサス……137
ベッド……51
蛇……13
ペンギン……15

ほ

保育園……119
帽子……115
包丁……52
菠薐草（ほうれんそう）……35
ボート……123
星……78
ポスト……66
帆立貝……18
ホッチキス……49
ホテル……118
仏……84
仏さま……84〜86
哺乳類……10〜12
掘炬燵……54
梵鐘……84
本棚……50
雪洞（ぼんぼり）……93

ま

舞……98
幕……99
鮪……25
祭り……96
俎板（まないた）……52

マフラー …… 114
魔法使い …… 136
丸餅 …… 36
饅頭 …… 37

み

蜜柑（みかん） …… 34
神輿（みこし） …… 96
岬 …… 71
湖 …… 73
水たまり …… 74
峰 …… 73
耳 …… 108

む

昔ながらの遊び …… 90〜91

め

目 …… 108
名刺 …… 64
眼鏡 …… 116
目刺し（めざし） …… 24
面子 …… 91
麺類 …… 30

も

木魚 …… 86
木目 …… 43
餅 …… 36
物語 …… 104
物の数で変わる数え方 …… 132〜134
モノレール …… 123
桃の節句 …… 92〜93

や

矢 …… 95
役者 …… 98
野菜 …… 35
山 …… 72〜73

ゆ

郵便局 …… 118
幽霊 …… 136
雪 …… 75
雪だるま …… 75
湯呑み …… 56
湯呑みと茶托 …… 57
指 …… 108
指輪 …… 115
弓 …… 95

よ

洋菓子 …… 37
羊羹（ようかん） …… 37
洋食器 …… 57
妖精 …… 137
幼稚園 …… 119
幼虫 …… 16
洋服 …… 114〜116
浴槽 …… 53
ヨット …… 123
鎧（よろい） …… 95

ら

落語 …… 99
ランドセル …… 48

り

龍 …… 137
両生類 …… 13
林檎（りんご） …… 34

れ

レンゲ …… 40
蓮根 …… 35

ろ

蝋燭 …… 134
論文 …… 105

わ

ワイシャツ …… 114
和菓子 …… 37
和楽器 …… 97
技（柔道） …… 101
技（相撲） …… 102
鷲 …… 14
和紙 …… 133
和食器 …… 57
鰐 …… 13
和服 …… 112〜113

ロコ・まえだ

北海道　釧路市生まれ。

株式会社サンリオにて「パティ＆ジミー」などのキャラクターを生み出す。独立後こどもアパレルブランド「ロコマエダ」「ホイップベアー」（株式会社レナウン）などを手がける。

絵本『ジリーちゃん』シリーズ（金の星社）『ホイップベアー』シリーズ（柳原出版）『昭和の子どもブック・より道やっちゃん』（辰巳出版）などがある。

日本語が面白い！　数え方の絵本

発行日　2018年4月18日　初版第1刷発行
　　　　2019年2月15日　初版第2刷発行

著 者　ロコ・まえだ
イラスト　ロコ・まえだ
発行者　柳原浩也
発行所　柳原出版株式会社
〒615-8107　京都市西京区川島北裏町74
電話　075-381-1010
FAX　075-393-0469
造 本　鷺草デザイン事務所
印刷／製本　亜細亜印刷株式会社

http://www.yanagihara-pub.com

ISBN978-4-8409-6021-2　C2081